FUNDAMENTOS DA PSICOPEDAGOGIA

Dados Internacionais de Catalogação na Publicação (CIP)

J56f	Jerônimo Sobrinho, Patrícia. Fundamentos da psicopedagogia / Patrícia Jerônimo Sobrinho. – São Paulo, SP : Cengage, 2016. Inclui bibliografia e glossário. ISBN 13: 978-85-221-2877-8 1. Psicopedagogia. 2. Psicopedagogos. 3. Distúrbios da aprendizagem - Família. 4. Distúrbios da aprendizagem - Escola. I. Título. CDU 37.013.82 CDD 370.15

Índice para catálogo sistemático:

1. Psicopedagogia   37.013.82

(Bibliotecária responsável: Sabrina Leal Araujo – CRB 10/1507)

FUNDAMENTOS DA PSICOPEDAGOGIA

CENGAGE

Austrália • Brasil • México • Cingapura • Reino Unido • Estados Unidos

Fundamentos da Psicopedagogia

Autora: Patrícia Jerônimo Sobrinho

Gerente editorial: Noelma Brocanelli

Editoras de desenvolvimento:
Gisela Carnicelli, Regina Plascak, Salete Guerra

Coordenadora e editora de aquisição:
Guacira Simonelli

Produção Editorial:
Sheila Fabre

Copidesque:
Sirlene M. Sales

Revisão:
Olívia Frade Zambone,
Fernanda Kanawati,
Olívia Yumi Duarte

Diagramação e Capa:
Marcelo A. Ventura

Imagens usadas neste livro por ordem de páginas:
Sergey Nivens / Shutterstock; focal point / Shutterstock; pavila / Shutterstock; Panom Pensawang / Shutterstock; drical / Shutterstock; Remzi / Shutterstock; graja / Shutterstock; vitstudio / Shutterstock; Thanapun / Shutterstock; Sergey Nivens / Shutterstock; Peshkova / Shutterstock; Gunnar Assmy / Shutterstock; dabldy / Shutterstock; venimo / Shutterstock; Arthimedes / Shutterstock; Olimpik / Shutterstock; Luis Louro / Shutterstock; YuryImaging / Shutterstock; Leah-Anne Thompson / Shutterstock; Iakov Filimonov / Shutterstock; MaPaSa / Shutterstock; Ramona Heim / Shutterstock; PathDoc / Shutterstock; Alexandra Lande / Shutterstock; Ollyy / Shutterstock; Suzanne Tucker / Shutterstock; Alexander Raths / Shutterstock; Evgeny Atamanenko / Shutterstock; Nejron Photo / Shutterstock

© 2016 Cengage Learning Edições Ltda.

Todos os direitos reservados. Nenhuma parte deste livro poderá ser reproduzida, sejam quais forem os meios empregados, sem a permissão por escrito da Editora. Aos infratores aplicam-se as sanções previstas nos artigos 102, 104, 106, 107 da Lei nº 9.610, de 19 de fevereiro de 1998.

Esta editora empenhou-se em contatar os responsáveis pelos direitos autorais de todas as imagens e de outros materiais utilizados neste livro. Se porventura for constatada a omissão involuntária na identificação de algum deles, dispomo-nos a efetuar, futuramente, os possíveis acertos.

Esta editora não se responsabiliza pelo funcionamento dos links contidos neste livro que possam estar suspensos.

Para permissão de uso de material desta obra, envie seu pedido para
direitosautorais@cengage.com

© 2016 Cengage Learning Edições Ltda.
Todos os direitos reservados.

ISBN 13: 978-85-221-2877-8
ISBN 10: 85-221-2877-4

Cengage Learning Edições Ltda.
Condomínio E-Business Park
Rua Werner Siemens, 111 - Prédio 11
Torre A - Conjunto 12
Lapa de Baixo - CEP 05069-900 - São Paulo - SP
Tel.: (11) 3665-9900   Fax: 3665-9901
SAC: 0800 11 19 39

Para suas soluções de curso e aprendizado, visite
www.cengage.com.br

Impresso no Brasil
Printed in Brazil

Apresentação

Com o objetivo de atender às expectativas dos estudantes e leitores que veem o estudo como fonte inesgotável de conhecimento, esta **Série Educação** traz um conteúdo didático eficaz e de qualidade, dentro de uma roupagem criativa e arrojada, direcionado aos anseios de quem busca informação e conhecimento com o dinamismo dos dias atuais.

Em cada título da série, é possível encontrar a abordagem de temas de forma abrangente, associada a uma leitura agradável e organizada, visando facilitar o aprendizado e a memorização de cada assunto. A linguagem dialógica aproxima o estudante dos temas explorados, promovendo a interação com os assuntos tratados.

As obras são estruturadas em quatro unidades, divididas em capítulos, e neles o leitor terá acesso a recursos de aprendizagem como os tópicos *Atenção*, que o alertará sobre a importância do assunto abordado, e o *Para saber mais*, com dicas interessantíssimas de leitura complementar e curiosidades incríveis, que aprofundarão os temas abordados, além de recursos ilustrativos, que permitirão a associação de cada ponto a ser estudado.

Esperamos que você encontre nesta série a materialização de um desejo: o alcance do conhecimento de maneira objetiva, agradável, didática e eficaz.

Boa leitura!

Prefácio

A inclusão de alunos considerados "diferentes" no sistema de ensino tem acontecido de forma gradativa, pois trata-se de um contexto que ainda requer a aceitação das diferenças humanas e, principalmente, a transformação de atitudes e posturas.

No campo da prática pedagógica, essas dificuldades são ainda mais potencializadas, pois, além dos esforços mencionados, se faz necessário ainda a modificação do sistema de ensino e a organização das escolas para que estas possam se ajustar às especificidades de todos os alunos.

Apesar dos tantos percalços, há de se considerar as mudanças feitas ao longo da história. A publicação de normas, leis e políticas para o acolhimento das pessoas com necessidades especiais nunca foi tão intensa. Destaque deve ser feito no cenário pedagógico.

Para fomentar o debate em torno dos princípios pedagógicos explorados no contexto da inserção das pessoas com necessidades especiais, elaboramos o presente conteúdo, com a apresentação de importantes temas para reflexão.

Na Unidade 1 é explorado o conceito da educação inclusiva e a sua evolução ao longo da história. Nesse contexto, o leitor conhecerá um pouco mais sobre a Língua Brasileira de Sinais e o Sistema Braile, sistemas desenvolvidos para auxílio aos portadores de deficiência auditiva e visual, respectivamente. Além desses assuntos, são abordados, ainda, assuntos pertinentes ao atendimento especializado e o Plano de Desenvolvimento da Educação (PDE).

Dando seguimento na abordagem do estudo, a Unidade 2 trata de assuntos como a interdisciplinaridade na psicopedagogia e suas vertentes.

A Unidade 3 vai apresentar questões importantes como a participação da família no processo de inclusão.

Finalmente, na Unidade 4, o leitor aprenderá mais sobre o contexto histórico do processo pedagógico, repassando as noções sobre a pedagogia pombalina, os reflexos no âmbito educacional de períodos como o Estado Novo e a ditadura militar. Questões como as políticas educativas no Brasil e o problema da descontinuidade de ações são suscitadas na parte final do conteúdo.

A inclusão das pessoas portadoras de deficiência é tema latente e merece toda a atenção necessária, principalmente em tempos onde ainda se pleiteiam garantias essenciais e urgentes.

Bom estudo!

UNIDADE 01
OBJETO DE ESTUDO DA PSICOPEDAGOGIA

Capítulo 1 Introdução, 10

Capítulo 2 O que é psicopedagogia?, 10

Capítulo 3 Surgimento do termo psicopedagogia, 16

Capítulo 4 A psicopedagogia no mundo e no Brasil, 19

Capítulo 5 A psicopedagogia como ciência, 21

Capítulo 6 Objeto de estudo da psicopedagogia, 23

Glossário, 26

1. Introdução

Vamos começar esta aula fazendo uma pergunta: Você sabe como eram tratados os problemas de aprendizagem antes do surgimento da psicopedagogia? Antes de tê-los como objeto de estudo, os problemas de aprendizagem eram tratados de maneira reeducativa. Contratava-se um professor particular para reeducar a criança.

Essa era a solução tomada até o surgimento da psicopedagogia. Não existia um profissional especializado em problemas de aprendizagem. A solução era contratar um professor particular para reeducar a criança ou conduzi-la ao médico, que fornecia um diagnóstico final para problemas sociopedagógicos, ou atribuía o transtorno a causas genéticas ou hereditárias.

É nesse cenário que surge a psicopedagogia, como um campo de conhecimento que tem como objetivo compreender todo o processo que envolve o ensino e o aprendizado humano e todas as dificuldades envolvidas nesse processo. Ao longo desta disciplina, você conhecerá melhor essa ciência.

Nesta primeira unidade, apresentaremos a definição de psicopedagogia, o resumo histórico e conceitual, e as origens do termo e seus antecedentes, indicando alguns marcos históricos. Posteriormente, nos deteremos na compreensão da psicopedagogia como corpo científico, tendo um objeto de estudo definido.

Acreditamos que essa conceituação teórica, a realização de uma revisão do termo, das raízes que deram origem conceitual à psicopedagogia, dará uma maior clareza acerca do seu universo científico, suas bases epistemológicas, seu objeto de estudo.

2. O que é psicopedagogia?

Quando pensamos em psicopedagogia, estamos trazendo para a discussão uma área de estudo que investiga o aprendiz e sua aprendizagem. Veja a imagem a seguir. O que você observa?

Podemos notar, na imagem, uma criança desmotivada com as tarefas escolares. Estamos diante de um problema. Portanto, é preciso saber as causas e analisar as relações que a desmotivação tem com o desenvolvimento socioafetivo, cognitivo e psicomotor do aluno no processo ensino-aprendizagem. Nesse momento, uma intervenção psicopedagógica é necessária, a fim de buscar as causas que estão levando a criança a esse desinteresse.

A psicopedagogia vai trabalhar as dificuldades de aprendizagem, o sujeito em questão, levando a esse sujeito os meios de restabelecer os vínculos, fazer com que ele volte a aprender, que consiga sentir vontade, desejo de aprender e se torne uma pessoa de sucesso. Afinal, o homem é um sujeito aprendente e a aprendizagem ocorre pela interação entre sujeito e objeto.

Ela é um ramo que, como muitas outras disciplinas, é regida por determinados princípios.

- O princípio da prevenção: refere-se às ações que podem ser executadas, de modo que um sujeito não tenha mais dificuldades de aprendizagem mas que aprenda a lidar com elas.
- O princípio do desenvolvimento: está intimamente ligado ao princípio anterior; um sujeito pode não apenas superar as dificuldades de aprendizagem, como também aprimorar seus talentos, indo além.
- O princípio da ação social: tem a ver com a forma de o indivíduo interagir com os outros e construir relações positivas.

A psicopedagogia lida com o sujeito e com o objeto do conhecimento e sua relação com a linguagem e a influência sócio-histórica no ambiente de aprendizagem. Em outras palavras, é a ciência que permite estudar o sujeito e o seu meio em distintas etapas de aprendizagem que englobam a sua vida. Mas o que é a aprendizagem? É um processo de mudança e modificação permanente de comportamento em um tempo e em um espaço, de forma gradual.

Entendemos a aprendizagem como um conceito muito mais amplo que somente a aquisição de conteúdos. Trata-se de coordenar a aprendizagem com o desenvolvimento integral do sujeito ao longo de toda a vida, independentemente das instituições onde se desenvolve o processo ensino-aprendizagem. Esses processos têm lugar, principalmente, na escola, mas também estão presentes na família, na formação profissional, na empresa, nos meios comunitários etc. Tais processos independem da idade dos sujeitos, que podem ser crianças, jovens, adultos.

> *ATENÇÃO! A psicopedagogia se ocupa da aprendizagem humana, ou melhor, de tudo o que está relacionado à aprendizagem humana: como o ser humano aprende; como que a aprendizagem varia evolutivamente e está condicionada por vários fatores; o que leva esse ser humano a aprender; o que leva o ser humano a não aprender; como e por que ocorrem distúrbios de aprendizagem; como reconhecer esses distúrbios e tratá-los; o que fazer para prevenir esses distúrbios e para promover processos de aprendizagem que sejam significativos para os estudantes.*

Consideramos, portanto, que a psicopedagogia se ocupa do ser humano em situação de aprendizagem e de todas as funções diretamente ou indiretamente envolvidas com ela. Caracteriza-se por uma investigação e uma intervenção dos processos de aprendizagem, percebendo como o sujeito se compreende na relação com o conhecimento, em situação de aprendizagem ou não aprendizagem.

Tendências da psicopedagogia

A psicopedagogia possui diferentes significados, dependendo das tendências ou perspectivas tomadas em uma investigação. Resumiremos algumas delas a seguir.

A primeira tendência é de síntese entre as aquisições da psicologia e da investigação pedagógica. Assim, a caracterização específica da psicopedagogia provém das experiências realizadas no início do século XX, quando se falava da transposição de dados psicológicos para o âmbito dos problemas educativos. Entende-se que a psicopedagogia é uma ciência positiva dos fenômenos psicológicos em suas relações com os problemas pedagógicos.

Outra tendência identifica a psicopedagogia com a psicologia da educação, caracterizada pelo estudo de problemas ligados a situações educativas. Nessa tendência, se entende a psicopedagogia como ciência que descreve e explica as mudanças que ocorrem em indivíduos ao longo do desenvolvimento, desde o nascimento até a maturidade, ocupando-se, portanto, das condições que favorecem ou retardam o desenvolvimento do sujeito.

Existe, também, a tendência reducionista, em que a psicopedagogia se aproxima da **pedagogia experimental**. A psicopedagogia é identificada com a área dos problemas psicopedagógicos, chegando a confundir o científico com o experimental. Nessa vertente, a produção psicopedagógica se limita à investigação didática.

No contexto existente entre as duas guerras mundiais, a psicopedagogia é entendida como escopo de aplicação a algumas aquisições específicas (psicologia genética, dinâmica de grupo). Uma abordagem mais recente dessa orientação vai soar cada vez mais como psicodidática, cuja área se amplia até abordar toda a temática escolar.

VOCÊ SABIA? Com o fim da Segunda Guerra Mundial, o mundo ocidental encontrava-se abalado e a Europa totalmente destruída. O cenário era de extrema pobreza, faltava emprego e alimentos, havia um número infinito de crianças órfãs, deficientes (em função da guerra), doentes, abandonadas em hospitais e instituições sociais, como orfanatos e asilos. Nesse momento, surgem algumas teorias a respeito do que fazer com essas crianças, principalmente porque elas apresentavam dificuldades de aprendizagem. Educadores, psiquiatras e neuropsiquiatras, que trabalhavam nas instituições sociais, começaram a se preocupar com os aspectos que interferiam na aprendizagem e a organizar métodos para a educação infantil. Surgem modelos psicopedagógicos de intervenção mais atuantes no social, no mundo do trabalho e no sistema educativo, a fim de dar respostas a uma sociedade cada vez mais complexa.

Finalmente, a tendência mais difundida que considera a psicopedagogia um campo interdisciplinar que promove e desenvolve pesquisas relativas ao sentido, significado e aos objetivos de um desenvolvimento integral do sujeito, o que confere à psicopedagogia a equivalência à psicologia da educação.

Antecedentes da psicopedagogia

Embora a psicopedagogia seja frequentemente discutida e utilizada na atualidade, parecendo nova e recente, podemos encontrar suas origens nos clássicos da filosofia grega, como Sócrates, Platão e Aristóteles.

- Sócrates (470-399 a.C.): considera que um dos temas de discussão mais belo é a questão do que é o ser, a natureza última, a essência do homem, concluindo que o homem é a sua alma, e a alma do homem é a sua razão. A alma do homem é a sua consciência, é quem dá ao homem a sua personalidade intelectual e moral.
- Platão (427-347a.C.): adverte a importância do ensino desde cedo, determinando as habilidades, as vocações e o ajuste do indivíduo.
- Aristóteles (384-322 a.C.): destaca que a felicidade consiste em desenvolver a natureza racional, realizando uma atividade propriamente humana.

Na época do Renascimento destacamos o humanista Juan Luis Vives (1492-1540), que analisava temas considerados psicopedagógicos, afirmando que era necessário investigar as habilidades individuais dos sujeitos para conhecê-los melhor e levá-los a empregar essas habilidades adequadamente. Enfatizava o interesse pela aprendizagem, o conhecimento prático e o ajuste do ensino às diferenças individuais.

Podemos encontrar outras contribuições históricas sobre os antecedentes da psicopedagogia em John Amos Comensky, Comenius (1592-1670), pedagogo eslovaco, que encerrou o círculo da pedagogia antiga, tratando a educação como um espírito científico e afirmando que ela tinha de começar na infância e seguir o curso da natureza. Descobriu, assim, o grande princípio que, posteriormente, insistiria Johann Heinrich Pestalozzi: pesquisar e encontrar um método pelo qual o professor ensinasse menos e o aluno aprendesse mais.

Entre os visionários que foram capazes de perceber a relação entre a **"psiquê"** e a educação está Jean Jacques Rousseau (1712-1778). Na obra "Emilio ou Da Educação", ele destaca as regras pedagógicas, depois de realizar análises psicológicas em torno da vida das crianças. Para Rousseau, era preciso partir dos instintos naturais da criança para desenvolvê-los. Segundo o autor, a criança é dotada de um senso moral inato, um conhecimento intuitivo sobre o que é bom e ruim, que é deformado pelas restrições da sociedade. A partir de Rousseau, a doutrina educativa insistiu na vida da criança, pois tomando-a como base era possível ver o centro e o fim da educação. Ninguém, antes, tinha dado valor à infância, tampouco, havia reconhecido as consequências pedagógicas desse fato.

Johann Heinrich Pestalozzi (1746-1627) considerava que a prática educativa tinha equivocado a sua rota, limitando-se a preencher a "alma da criança" com conhecimento enciclopédico, sem perceber a grande importância que tinha o desenvolvimento das faculdades humanas. A influência de Pestalozzi é sentida nos primeiros anos de atividade pedagógica de Herbart (1776-1841), filósofo e pedagogo alemão, que afirmava que a pedagogia como ciência se fundamentava na psicologia e na ética.

Pestalozzi e Herbart, ao afirmarem que a pedagogia devia se fundamentar na psicologia, lançaram as bases da **pedagogia funcional**. Porém, a realização desse propósito somente foi concretizada mais tarde, quando a pedagogia funcional se tornou produto de uma longa evolução histórica com características peculiares que se traduzem em movimentos pedagógicos importantes.

O primeiro desses movimentos foi o da renovação do naturalismo, conhecido como pedagogia revolucionária, iniciado pela escritora sueca Ellen Key (1849-1926). Uma das primeiras obras a abordar a questão da criança foi "Observações", escrita pelo filósofo alemão Tiedemann, no final do século XVIII. Nela, o autor discorre sobre o desenvolvimento das capacidades mentais da criança. Essa obra não foi reconhecida até Michelau, em 1863 e, mais tarde, Bertrand Perez, em 1871, traduzirem-na para o francês. Na Suíça, são notáveis os trabalhos de Eduardo Claparède.

Em paralelo, no início do século XIX, surge o movimento da **escola nova**, que logo se torna uma forte corrente da "pedagogia da ação" com seus grandes teóricos: John Dewey, Kerschensteiner, Decroly, Montessori, Winnetka.

No início do século XX, esse último movimento foi o "fermento" para a investigação pedagógica, abrindo portas para experimentos. No campo da pedagogia prática, despertou-se um desejo pela experimentação e por ensaios psicológicos. Hugo Münsterberg (1863-1919), psicólogo alemão, defende uma psicotécnica pedagógica. Vem à tona a aplicação da psicologia à pedagogia.

A experimentação ocorre dentro das próprias instituições escolares: Alfred Binet (1857-1911) e Henri Wallon, na França; Ernesto Meumann, na Alemanha; Edward Lee Thorndike e William James, nos Estados Unidos. Esses autores foram os primeiros a dar origem a laboratórios estabelecidos em grandes centros educativos, salas psicopedagógicas e estudos psicotécnicos, incluindo a orientação profissional e a colaboração médica nas atividades escolares.

A instalação desses laboratórios se espalhou por toda a Europa, pelo Japão e Estados Unidos. Enquanto isso, na Cidade do México, o Instituto Nacional de Psicologia contava com um laboratório muito bem equipado e instalado. Na época desses importantes movimentos, John Dewey (1859-1952) se fez notar com a sua ideia de "aprender fazendo" ao imprimir um caráter psicogenético à sua teoria.

Para a pedagogia contemporânea, o homem possui uma energia ativa e criativa. James Williams (1842-1910), um dos fundadores da corrente filosófica do pragmatismo, vê a educação como um processo vivo que permite ao homem reagir de forma adequada às mais diversas circunstâncias. Tais reações são congênitas ou adquiridas. O problema da educação, afirmava ele, era organizar essa variedade sempre crescente de reações, cujo objetivo é contribuir para a realização de atitudes cada vez mais eficazes em um mundo suscetível de melhoras constantes.

Como resultado da pesquisa sobre a pedagogia psicogenética, surge uma série de investigações sobre a consideração psicológica do fato educativo. Essas investigações aparecem com nomes distintos: psicologia pedagógica, psicologia da educação, psicotécnica pedagógica.

Dentre os autores mais notáveis, destacaram-se: o psicólogo americano Edward Lee Thorndike, também considerado um dos iniciadores da aplicação de métodos educativos experimentais; Édouard Claparède, pedagogo e psicólogo suíço de grande influência sobre a educação moderna infantil; o alemão Ernesto Meumann, criador do primeiro sistema de pedagogia experimental; e Alfred Binet, pedagogo e psicólogo francês, um dos primeiros que utilizou testes para medir funções mentais superiores.

Ao longo da história tem ocorrido uma diversidade de formulações intuitivas e aportes teóricos que têm servido de embasamento para a psicopedagogia. Mas a primeira síntese do discurso pedagógico contemporâneo teve suas origens nos processos que, durante o século XIX, levaram à fundamentação de uma nova psicologia, aquela que recebeu, de acordo com os pressupostos epistemológicos da época, a qualificação de científica.

> *SAIBA MAIS: Se desejar aprofundar seus conhecimentos acerca da história da psicopedagogia, leia o artigo "Análise Histórica do Surgimento da Psicopedagogia no Brasil", de Ana Araújo Costa, Telma Maranhão Gomes Pinto e Márcia Siqueira de Andrade. Disponível em: <http://idonline.emnuvens.com.br/id/article/view/234>. Acesso em: 13 jan. 2014.*

3. Surgimento do termo psicopedagogia

Para compreendermos o termo psicopedagogia, necessitamos de uma análise de seu prefixo "psico" e da raiz "pedagogia". Os prefixos "psic", "psico" e "psiqu", todos da mesma família terminológica, vêm do grego "psykhe", e são usados para formar palavras com o significado de alma, conceito também absorvido pela cultura romana. Alguns exemplos: o conceito grego de "psikostasia", que define o rito de passagem das almas dos mortos até Zeus; ou o romano "psychomachia", que faz referência ao combate entre almas ou espíritos, tal como menciona o filósofo Aurelio Prudencio (século I), no poema alegórico "Psychomachia", que dramatiza as lutas internas da alma, entre vícios e virtudes.

O termo pedagogia tem sua origem na Grécia antiga. Primeiro, se realiza a ação educativa e daí nasce a pedagogia para recolher dados sobre fatos educativos, classificando-os, estudando-os, sistematizado-os, enfim, elaborando uma série de princípios normativos. Etimologicamente, a palavra pedagogia deriva do grego "paidos", que significa criança, e "agein", que significa guiar, conduzir. Portanto, se chama pedagogo o responsável por instruir as crianças.

Desde o final do século XIX, começaram a surgir inúmeras propostas para nomear as novas investigações. A existência da psicopedagogia se revela com a realização de investigações precisas, ainda que tomada por ideias positivistas – o que não poderia ser diferente na época em questão –, entrando no mundo das ciências e abrindo caminho na história.

Ao longo do século XX, desde os primeiros momentos de institucionalização da psicopedagogia, encontram-se referências que permitem reconhecer a figura do psicopedagogo ligada a certas áreas de intervenção, como a psicopatologia infantil, a orientação profissional ou de educação especial.

O surgimento de novas disciplinas científicas obrigou a procurar neologismos para nomear conceitos e dar definições mais ou menos precisas acerca de termos que começavam a ser empregados. Uma maneira de resolver o problema terminológico foi usar **binômios**, complementando o nome de disciplinas já existentes com um novo termo adjetivado (pedagogia terapêutica, pedagogia psicológica, pedagogia psicofisológica, psiquiatria pedagógica, patologia pedagógica etc). Isso ocorria em zonas geográficas onde os avanços científicos e a tradição pedagógica tinham especial relevância. Referimo-nos às tradições alemã, anglo-saxônica, francófona, italiana e espanhola.

A Alemanha era o berço da pedagogia moderna e da psicologia experimental, onde se situava um dos núcleos mais ativos de experimentação pedagógica. Na Alemanha, a expressão "Pädagogische Psychologie" (Psicologia Pedagógica), que ainda era empregada com um significado mais amplo do que a sua equivalente inglesa ("Educational Psychology"), poderia ser traduzida como psicopedagogia, já utilizada normalmente na última década do século XIX. Uma obra alemã, de 1931, nos apresenta o adjetivo composto "psychologisch-pädagogisches", em um texto que trata do problema da surdez de um ponto de vista médico, psicopedagógico e social, embora ainda pareça um fato isolado, pouco frequente.

A respeito da tradição anglo-saxônica, a palavra pedagogia foi utilizada durante o século XIX por influência alemã. Algumas universidades da área anglo-americana ofereciam cursos de pedagogia até a primeira década do século XX. Mas, na virada do século, esses cursos foram substituídos por cursos de educação. A psicologia educacional havia tido um enorme desenvolvimento durante todo o século XX nos âmbitos da psicologia. Podemos dizer que a palavra psicopedagogia surge nesses primeiros anos, embora ainda apareça como adjetivo, psicoeducação. Na área anglo-saxônica, o termo aparece em estudos mais tarde e com caráter excepcional. H. Rudolph Schaffer publica, em 1956, um artigo intitulado "Survey on psychopedagogy", e em 1979, E. Stones, em Londres, publica seu livro "Psychopedagogy: psychological theory and the practice of teaching". Além disso, o termo também aparece em alguns textos publicados em Toronto (Canadá), geralmente, com base em traduções de textos franceses.

No âmbito francófono – basicamente França, Bélgica e a Escola de Genebra, na Suíça –, são observadas experiências psicopedagógicas sobre **psicometria** e educação dos deficientes mentais. É aí onde aparecem as primeiras referências à chamada psicopedagogia. Concretamente, o termo, como substantivo ("psicopédagogie") aparece pela primeira vez em 1908, em uma definição de paidotecnia presente no livro de G. Persigout, "Essais de pédologie générale". Essa definição é reproduzida logo depois por U. Querton, professor da Universidade Livre de Bruxelas. A definição em questão salienta que a paidotecnia é a psicologia experimental. O termo psicopedagogia aparece associado, portanto, a técnicas psicométricas destinadas à classificação de alunos.

Naquele mesmo ano, o termo, em forma de adjetivo, pode ser observado no texto do médico francês Cruchet R. (1908). Para ele, o atendimento pedagógico, ou melhor, "psico-pedagógico", deve ser baseado no exame mental da criança e exige algum tipo de consulta entre o médico e o professor, uma consulta médico-pedagógica. É interessante notar, por um lado, as relações entre médico e professor, tema chave, já que estavam em voga, na época, áreas como a educação especial, a saúde escolar ou a atenção às crianças; por outro, a proximidade com a pedagogia. O adjetivo composto "médico-pédagogique" foi utilizado nos anos finais do século XIX, com certo excesso, qualificando metodologias, instituições ou intervenções psicopedagógicas. Também foi empregado, posteriormente, como sinônimo de "psico-pédagogique" na medicina, pedagogia, psicologia ou no direito.

Na Itália, também encontramos os primeiros usos do termo em um texto de Emilio Galli, intitulado "L'Esame Psicopedagógico de idoneità nell'Instituto S. Vicenzo per l'Educazione dei Deficienti" (Milão, 1911), que descreve, precisamente, como deve ser um exame psicopedagógico. Nesse texto, aparece, pela primeira vez, a figura do profissional responsável pela realização desse exame, chamado de psicopedagogo. As contribuições teóricas ou práticas desse autor, e de outros autores italianos talvez não tenham ocasionado tanto impacto aos colegas franceses, belgas e suíços. Entretanto, é inegável que a história da psicopedagogia italiana teve, ao longo dos anos, grande relevância. Maria Montessori, entre outros autores, empenhou-se para a construção de conteúdos, métodos e objetivos da psicopedagogia. Além disso, havia na Itália uma Comissão de Psicopedagogia que se encarregava da organização de eventos relacionados à especialidade.

Na Espanha, independentemente das primeiras referências em livros de Cruchet, Persigout e Querton, a primeira vez que nos deparamos com o termo é em um texto pouco conhecido da pedagoga Francisca Rovira, nomeado "Nuevo tratamiento de la Sordera" (Barcelona, 1914), que descreve e propõe um método psicopedagógico para o tratamento da surdez. Especificamente, ela propõe a utilização de recursos psicopedagógicos para promover a restauração ou a formação de uma função tão transcendente quanto a audição. Rovira dirigiu o Museu Pedagógico Experimental, na capital catalã. Fundado em 1905, tinha em suas instalações um laboratório de psicologia pedagógica, um instituto de pedagogia experimental e uma escola para deficientes mentais, além de editar a revista "La Evolución Pedagógica", desde 1909.

Em 1914, o psicólogo e médico Anselmo González Fernández – catedrático em psiquiatria infantil da Escuela de Estudios Superiores del Magisterio e diretor do Instituto Nacional de Sordomudos, Ciegos y Especial de Anormales – publicou uma obra em que cita Galli e Binet, usando com muita fluidez tanto o termo "psicopedagogia" quanto "psicopedagogo". González foi considerado o introdutor e máximo representante da psicometria na Espanha, nesse período.

Por último, não podemos deixar de mencionar a proliferação de registros de modelos psicopedagógicos que se observa nesse período de virada de século. Eles foram anotados, com finalidades diversas, com base em pesquisas psicológicas e pedagógicas realizadas em escolas, centros de educação especial e reeducação, clínicas pedagógicas, laboratórios e outros centros psicopedagógicos. Nesse contexto, José Maria Fornells documenta, nos anos anteriores a 1919, uma ficha que tinha sido utilizada na Escola Municipal de Deficientes, de Barcelona. O registro em questão recebeu o nome de "nota psicopedagógica" e foram registrados os detalhes relacionados à atenção, à memória, aos sentimentos, à vontade, ao caráter, enfim, informações diversas sobre o processo educativo de alunos.

4. A psicopedagogia no mundo e no Brasil

Com a era industrial, surgiu a preocupação com a produtividade e com tudo o que impossibilitava a produção. As dificuldades de aprendizagem passaram a ser foco de atenção, e a medicina (principalmente a oftalmologia e a neurologia) começou a investigar as causas dos problemas e suas possíveis correções.

A Primeira Guerra Mundial propiciou aos estudiosos investigar, a partir do cérebro dos militares atingidos, a relação das áreas cerebrais afetadas com as funções danificadas. No final do século XIX, na Europa, educadores, psiquiatras e neuropsiquiatras começaram a se preocupar em atender e orientar crianças que apresentavam dificuldades de aprendizagem (cognitiva e comportamento

social). Dessa época, temos, entre os estudiosos, Édouard Seguin, Jean Etienne-Dominique Esquirol, Ovide Decroly e Maria Montessori.

Em 1946, na Europa, são fundados os primeiros centros psicopedagógicos, com direção médica e pedagógica, para crianças com problemas escolares e/ou de comportamento por J. Boutonier e George Mauco. Nesses centros, as crianças que apresentavam comportamentos socialmente inadequados na escola ou nos lares eram tratadas com conhecimentos das áreas de psicologia, psicanálise e pedagogia. Pretendia-se, por meio dessa trindade, conhecer a criança e o seu meio para que, assim, fosse possível compreender o caso e determinar a ação reeducadora.

Nos Estados Unidos, o mesmo movimento ocorria. O foco das pesquisas era em relação aos métodos, aos conceitos a serem construídos quanto à deficiência. Por exemplo, qual método nós temos de aplicar para identificar se a criança, efetivamente, não aprende em função de uma deficiência ou quais são as razões que a levam a não aprender, mesmo ela tendo uma estrutura cognitiva para essa aprendizagem. Entre os investigadores americanos, destaca-se Samuel Orton.

O movimento europeu deu origem à psicopedagogia. Já o movimento americano propagou a crença de que os problemas de aprendizagem tinham causas orgânicas e que precisavam de atendimento especializado, influenciando parte do movimento da psicologia escolar que, até bem pouco tempo, segundo Bossa (2011), determinou a forma de tratamento dada ao fracasso escolar.

A corrente europeia influenciou a Argentina. Em 1956, a Universidade Del Salvador (Buenos Aires) cria a primeira graduação em psicopedagogia. Começam a surgir os primeiros docentes psicopedagogos. A formação incluía influências da epistemologia genética (Jean Piaget), da psicanálise (Freud e pós-freudiana) e da psicologia social (Pichon Rivière), e focava problemas de aprendizagem. Os teóricos argentinos, como Dr. Quirós, Jacob Feldmann, Sara Pain, Alícia Fernandez, Ana Maria Muñiz e Jorge Visca foram os responsáveis pela criação de metodologias sobre os problemas de aprendizagem e, também, pela difusão dos conhecimentos da psicopedagogia no Brasil, enriquecendo o desenvolvimento dessa área de conhecimento.

O Brasil recebeu influências americanas e europeias – por meio dos teóricos argentinos – principalmente na região sul do país, que nos anos de 1970 ofereceu os primeiros cursos de formação de especialistas em psicopedagogia. No entanto, somente nos anos de 1990 esses cursos se propagaram pelo Brasil nas regiões sul e sudeste, onde há maior demanda de especializações e de trabalhos realizados na área.

Assim como na Europa, inicialmente, no Brasil, os problemas de aprendizagem eram investigados e tratados por médicos. Ainda hoje verificamos que, na maior parte das vezes, a primeira atitude dos familiares é levar seus filhos a uma consulta médica.

Embora essa realidade ainda exista, a psicopedagogia vem tentando ultrapassar os limites "clínicos" (orgânicos ou mentais) dos problemas de aprendizagem.

Ao longo de sua curta história, a psicopedagogia continuou sendo marcada pela influência de diferentes paradigmas, e enriquecida por aportes teóricos de várias escolas, provenientes de diversas disciplinas científicas. Foi-se, então, abrindo caminho para desenvolver um campo bem definido no âmbito da educação, da aprendizagem e da saúde mental.

Como resultado dessa construção, a psicopedagogia, hoje, possui um vasto campo, ainda não definido em todas as suas possibilidades, que estuda e trabalha a aprendizagem sistemática e assistemática. Abrange a educação formal em todos os níveis (criança, adolescente, adulto), e a educação familiar e profissional.

5. A psicopedagogia como ciência

Desde o seu nascimento, várias são as obras que tratam da psicopedagogia, embora a produção literária – como corpo científico – ainda seja limitada. Percorrendo a bibliografia sobre esse tema, podemos notar a ambiguidade e diversidade que determinados autores qualificam essa disciplina. Alguns se unem a uma perspectiva pedagógica; outros, à psicológica. Mas não faltam elos com outras áreas, como filosofia, neurologia, linguística e orientação.

De qualquer maneira, o amplo campo problemático em que ela pode intervir, a diversidade de métodos e técnicas de trabalho, assim como a dificuldade de posicionamento dessa disciplina, dificultam a possibilidade de uma definição exata da psicopedagogia como um corpo de conhecimento científico. Alguns estudiosos argumentam que a psicopedagogia não está totalmente definida como uma disciplina, uma vez que ela trabalha com vários enfoques disciplinares.

Mesmo que essa ciência tenha começado a se delimitar na última parte dos séculos XIX e XX, não devemos perder de vista que o **humanismo** nos deu possibilidades incalculáveis, uma vez que a psicopedagogia pode ter raízes antropológicas que sustentavam sua prática desde os tempos antigos.

Para que uma atividade possa ser qualificada como profissão deve atender a pelo menos dois requisitos. O primeiro é assegurar um corpo de conhecimento especializado, contrastado por uma prática e por uma investigação científica; o segundo, oferecer um serviço aos indivíduos e/ou à sociedade.

A comunidade científica também dita certos fatores para a emergência de uma nova disciplina. Por um lado, espera-se que surjam novas necessidades para atender novos problemas; por outro lado, que haja a descoberta ou a invenção de novos métodos de investigação. No caso da psicopedagogia, no final do século XIX e início do XX, precisava-se resolver problemas educacionais.

Novos métodos de investigação provenientes de outras disciplinas, cujas metodologias favoreciam a fundamentação da psicologia experimental e da pedagogia, levavam a uma série de práticas experimentais que definiriam as bases para a consolidação de novas disciplinas, entre as quais a psicopedagogia.

Apesar de serem termos distintos, a orientação e a psicopedagogia têm uma base comum em sua origem, como campo disciplinar e como ação profissional. A psicopedagogia se propõe a compreender os fenômenos de ensino, aprendizagem e desenvolvimento pessoal para neles intervir, a fim de controlá-los e otimizá-los. Assim, constata-se uma relação muito direta entre orientação e psicopedagogia.

A orientação é um processo de ajuda contínua a todas as pessoas, em todos os aspectos, com o objetivo de potencializar o desenvolvimento humano ao longo de toda a vida. Essa ajuda se realiza mediante uma intervenção profissional, baseada em princípios científicos e filosóficos.

Podemos considerar que a orientação surgiu como uma disciplina científica em 1908, com Parsons, fundador do primeiro Centro Institucional de Orientação, em Boston. Nesse mesmo ano, encontra-se documentada a palavra psicopedagogia. Mas nós não podemos deixar passar uma série de circunstâncias, antecedentes, tentativas, que se propagaram entre os séculos XIX e XX e que desencadearam o surgimento da orientação e, logo, da psicopedagogia.

Entre os autores que buscaram condições para o surgimento da orientação está Brewer (1942), que argumentava sobre a força que tinha a divisão do trabalho, o crescimento da tecnologia, a extensão da formação profissional e as formas modernas de extensão de democracia. Enquanto isso, Shertzer e Stone (1972) apontavam para a reforma social, o movimento para o estudo da criança, a psicometria, o movimento de saúde mental, a psicanálise, a educação obrigatória, o apoio do governo, a depressão e a guerra. Beck (1973) tratava de fazer uma lista de vinte e quatro eventos que conduzem à criação da orientação formal. Vários foram os teóricos que analisaram fatores que influenciariam o aparecimento da orientação; todos eles concordavam em essência.

Assim, a psicopedagogia foi concebida como a confluência de diversas áreas do conhecimento – principalmente a orientação, a pedagogia, a didática e a psicologia da educação –, assegurando-se como um corpo de conhecimento complexo que requer uma aproximação interdisciplinar. Ainda é grande a dificuldade de se delimitar as áreas de disciplinas relacionadas à psicopedagogia, como a psicologia e as ciências da educação. Isso é fruto de um desenvolvimento histórico, uma vez que ao longo do tempo têm-se compartilhado questões teóricas comuns, metodologias de trabalho similares e intervenções profissionais dentro de um mesmo âmbito.

6. Objeto de estudo da psicopedagogia

O que você observa na imagem seguinte?

Acertou se disse que se trata de um pedreiro. Quais seriam as ferramentas de trabalho desse profissional? Podemos citar algumas: colher, enxada, madeira, furadeira, alicate, picareta, entre outras. E quais são as ferramentas do psicopedagogo? Você saberia responder? Ele vai trabalhar com instrumentos próprios que vêm de diversas áreas como psicologia, pedagogia, filosofia, neurologia, linguística. São essas áreas que irão compor o seu objeto de estudo, que servirão para fundamentar a constituição de uma teoria psicopedagógica.

Tomemos como exemplo a pedagogia. Sabemos que ela é a ciência da educação, ou seja, tem como objeto a educação. A pedagogia pertence ao paradigma das ciências sociais e humanas e possui um nível teórico, metodológico e técnico que lhe confere autonomia epistemológica dentro de uma visão da totalidade de um fenômeno educativo.

Em outras palavras, a pedagogia estuda a educação como fenômeno complexo e **multirreferencial**, o que indica que há conhecimentos de outras ciências e disciplinas que podem nos ajudar a entender o que é a educação, como história, sociologia, psicologia e olítica. A psicopedagogia é uma dessas disciplinas.

A psicopedagogia nos permite conhecer a situação do processo de aprendizagem dos sujeitos com a intenção de melhorar e atuar sobre ele, para fazer o aluno aprender efetivamente. Ela pode agir na vida do aluno, intervindo em seu processo de estudo e aprendizagem, ou na vida do docente e dos recursos externos, incorporando conhecimentos e técnicas para a melhoria da aprendizagem do aluno.

Atualmente, portanto, já não podemos definir a psicopedagogia como simplesmente uma aplicação da psicologia à pedagogia. É mais do que isso. Ela tem como foco o estudo sobre como os indivíduos aprendem e as maneiras pelas quais eles podem aprender melhor.

Ao contrário da didática (que também se ocupa da forma como os alunos aprendem), a psicopedagogia se concentra no aluno e não na forma como o sujeito ensina. A didática enfoca mais sobre os sujeitos que ensinam, apesar de considerar também os que aprendem. Em ambos os casos, devemos considerar tanto os que ensinam quanto os que aprendem, mas, na prática, a psicopedagogia procura entender como o sujeito aprende e qual é o modo de ele aprender melhor e potencializar suas capacidades.

A psicopedagogia se constitui como produção de um ramo científico e seu objeto de estudo; embora ainda gere discussões, nunca deixou de ter como foco os diferentes processos de aprendizagem e suas implicações no desenvolvimento e desempenho do "sujeito cognoscente", isto é, do sujeito aprendente.

Diferentes psicopedagogos consideram de formas variadas o objeto de estudo da psicopedagogia, conforme lista abaixo.

- Engloba o processo de aprendizagem humana, levando em consideração os padrões evolutivos normais e patológicos e a influência do meio – escola, família, sociedade (KIGUEL, 1991).
- Abarca o ato de aprender e ensinar, tomando sempre como base as realidades interna e externa da aprendizagem, em seu conjunto (NEVES, 2011).
- Abrange o processo de aprendizagem e suas dificuldades, englobando variados campos do conhecimento, de forma integrada (SCOZ, 2011).
- Compreende dois enfoques: preventivo e terapêutico (GOLBERT, 2005).
- Inclui a investigação de etiologia da dificuldade de aprendizagem, levando em conta todas as variáveis que interferem nesse processo (RUBINSTEIN, 1992).
- Busca a melhoria das relações com a aprendizagem e a melhoria da qualidade da própria construção da aprendizagem de alunos e docentes (WEISS, 2012).

Conforme podemos observar, o objeto de estudo da psicopedagogia tem enfoques distintos. Em diferentes momentos históricos, esse objeto também foi entendido de várias formas. Nos anos de 1960, era o sujeito que não aprendia, concebia-se a não aprendizagem a uma falta, a um *déficit*; priorizava-se a reeducação. Aqui, interessa a situação individual, o problema específico de um sujeito que tem dificuldade em aprender e que essa dificuldade se manifesta no ambiente escolar.

Nos anos de 1970 e 1980, o objeto de estudo era como se aprende, as alterações, os fatores a que o sujeito está condicionado, os obstáculos (como reconhecê-los, tratá-los e preveni-los). Dos anos de 1990 até hoje, o objeto de estudo passou a ser o sujeito aprendente, sendo influenciado pelas condições socioculturais do meio que o cerca, ou seja, levou-se em conta a singularidade do indivíduo. Aí reconhece-se a subjetividade em sua singularidade e se começa a levar em consideração os diferentes contextos, não apenas os escolares, mas os familiares e os sociais. Surge certo consenso quanto ao fato de que a psicopedagogia deve se ocupar em estudar a aprendizagem humana.

> *ATENÇÃO! Embora haja enfoques distintos em relação ao objeto de estudo da psicopedagogia, há certa conformidade quanto ao fato de que cabe a ela estudar a aprendizagem humana. Em outras palavras, o processo de aprendizagem é o objeto de estudo científico a partir do qual se constitui o campo do conhecimento psicopedagógico.*

Esse processo de aprendizagem ocorre com um indivíduo situado:

- como sujeito cognitivo e sua particular maneira de conceber o conhecimento;
- como sujeito desejante de formação; a sua posição frente à aprendizagem; o seu modo particular de apreender conhecimentos;
- em sua estrutura familiar e no seu posicionamento nesse contexto, sua relação com o saber e o conhecer, o modo de processar, de mudar as normas e as complicações decorrentes do impacto sobre o sintoma do não aprender;
- em um contexto socioeconomico-cultural, em sua qualidade de transmissor de valores, ideologias e expectativas, mediado pelas instituições e seus discursos. Considerando a sua condição dialética de produto e produtor de contextos.

A psicopedagogia assume o desafio de atuar e articular, com sua ação de interpretação, a compreensão do processo de aprendizagem, fortalecendo a presença de identidades particulares e plenas de significados sociais. Nesse contexto complexo, proporcionará a construção e desconstrução de valores e atitudes, a fim de que abarquem as reais necessidades sociais, culturais e político-educativas dos sujeitos rodeados por histórias e culturas diversas.

Glossário – Unidade 1

Binômio – é uma noção que pode ser traduzida como "parte" ou "porção". Isso significa que um binômio consiste de duas partes. Em outras palavras, qualquer expressão formada pela adição ou subtração de dois termos é um binômio.

Escola Nova – baseia-se na psicologia do desenvolvimento infantil. Tratava cada aluno segundo suas habilidades. Não existe aprendizagem que não parta da necessidade ou do interesse do aluno, esse interesse deve ser considerado como o ponto de partida para a educação. Postulava que a infância e a adolescência são fases da vida regidas por leis próprias, distintas das leis dos adultos. Seus principais representantes foram: John Dewey, Maria Montessori, Paulo Freire, Freinet, Piaget, entre outros.

Humanismo – foi um movimento intelectual que ocorreu no século XV na região da Itália. Buscava a difusão do conhecimento para tornar o homem um indivíduo verdadeiramente humano e natural, em oposição ao divino e sobrenatural, que constituía o objetivo da Idade Média. Humanismo vem de humanisti, que significa amante da ciência, do conhecimento e adorador das letras. Seus principais representantes foram: Francesco Petrarca: (1304-1374), Juan Bocaccio (1313-1375) e Erasmo de Rotterdam (1466-1536).

Multirreferencial – é a utilização simultânea ou sucessiva de relações múltiplas, fontes, linguagens, conexões e referências para aprofundar um assunto. Não é, meramente, a soma de várias referências, mas o reconhecimento do impacto conjunto, de uma pluralidade de olhares, sobre uma realidade.

Pedagogia experimental – também chamada de pedagogia científica, objetivava fundamentar a pedagogia em observações rigorosas, com a aplicação do método científico. Defendia o conhecimento científico do aluno e se preocupava com a eficácia do processo educativo mediante o estudo científico dos elementos que nele intervinham.

Pedagogia funcional – pedagogia fundada na necessidade e nos interesses psíquicos dela resultantes. Defendia que o fenômeno mental é formado por uma conduta e esta tem como função adaptar o organismo a determinada situação. Considerava que a criança tinha de provar, por experiência pessoal, o valor do trabalho e do conhecimento.

Psicometria – disciplina metodológica, da área de psicologia, cuja principal tarefa é medir ou quantificar as variáveis psicológicas – com todas as implicações que elas acarretam –, tanto teoricamente quanto na prática. De forma resumida, a psicometria faz uso intensivo de cálculos e análises estatísticas para extrair informações úteis com base na aplicação repetida de um mesmo teste a um grupo amplo de pessoas.

Psiquê – é o conjunto das faculdades mentais de uma pessoa, que engloba tanto os processos conscientes quantos os processos inconscientes. São os fenômenos e procedimentos que ocorrem na mente. Também se refere à alma humana.

UNIDADE 02
A INTERDISCIPLINARIDADE NA PSICOPEDAGOGIA

Capítulo 1 O que é interdisciplinaridade?, 30

Capítulo 2 A interdisciplinaridade e as ciências da educação, 34

Capítulo 3 Multidisciplinaridade, pluridisciplinaridade, interdisciplinaridade e transdisciplinaridade, 36

Capítulo 4 A interdisciplinaridade na psicopedagogia, 42

Glossário, 47

1. O que é interdisciplinaridade?

Se perguntássemos o que há de comum entre as descobertas e invenções do último século, representadas pelas imagens ao lado, qual seria a sua resposta?

Uma provável resposta é que todas essas descobertas e invenções (a estrutura do DNA, a ressonância magnética, a bomba atômica) foram desenvolvidas a partir de um trabalho colaborativo entre investigadores de várias disciplinas antes de serem trabalhadas isoladamente.

Essa forma de trabalhar é, atualmente, desenvolvida em centros de pesquisa, institutos e laboratórios, localizados tanto em instituições acadêmicas como em centros nacionais e internacionais de pesquisa e indústrias interessadas em propostas inovadoras. A cooperação entre investigadores é a maneira mais recente e mais fecunda de colaboração interdisciplinar para a produção de novos conhecimentos.

Mas o que significa interdisciplinaridade? Para fazermos qualquer consideração a respeito do termo, devemos, primeiro, partir da disciplinaridade. Uma disciplina geralmente contém os seguintes elementos: um corpo de conhecimentos teóricos; procedimentos de investigação e prática profissional acumulada, com um componente institucional e sócio-histórico; comunidades, redes de conhecimento e comunicação; tradição, estrutura conceitual e modos de pesquisa; e corpos profissionais especializados na produção sistemática de novos conhecimentos.

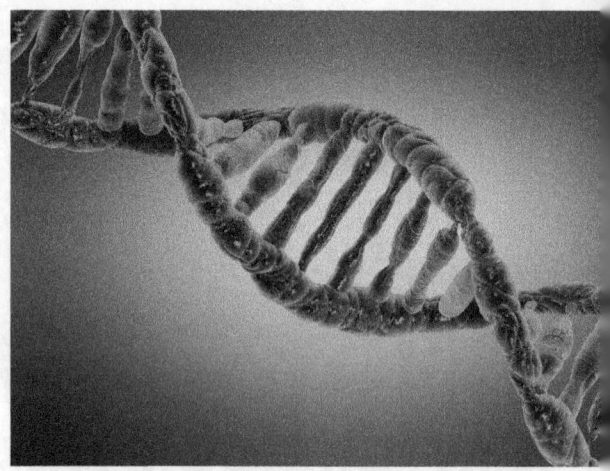

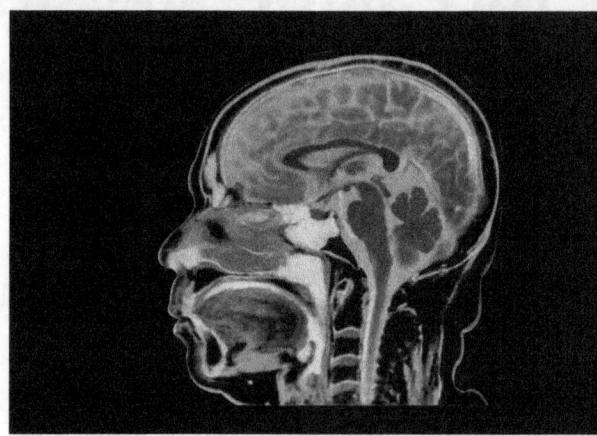

ATENÇÃO! A disciplina pode ser definida como uma categoria organizadora do conhecimento científico, com sua autonomia, fronteiras delimitadas, linguagem própria, técnicas e teorias definidas. As disciplinas foram instituídas no século XIX, com o surgimento das universidades modernas, e desenvolveram-se com a ascensão das investigações científicas no século XX. Disciplinaridade é, então, a organização da ciência em diversas disciplinas.

O conceito de disciplina pressupõe um objeto de estudo científico plenamente identificado e próprio de cada ciência em sua objetividade e homogeneidade. Mas, com a evolução científica, a concepção disciplinar, que constituiu um avanço valioso para a ciência, foi-se tornando um obstáculo cada vez maior de hiperespecialização do pesquisador e do objeto, este concebido como um fim em si mesmo, distante da realidade e de suas relações com outros objetos, com os quais ele estava intimamente ligado.

Os limites disciplinares, tão necessários para o surgimento e o desenvolvimento das ciências em sua evolução, acabaram isolando as disciplinas. Essa metodologia, assim, oferece uma visão fragmentada e parcial da realidade.

ATENÇÃO! No Brasil, a palavra aparece traduzida como "interdisciplinaridade" (do francês ou do inglês) ou "interdisciplinariedade" (do espanhol). Utilizaremos, aqui o termo "interdisciplinaridade".

Da fragmentação à cooperação

A fragmentação era uma questão central para o próprio desenvolvimento científico. A tradição marxista resolveu parcialmente esse problema, colocando como fundamento da ciência a historicidade. Marx (1975) declarava que só existia uma ciência: a história. A totalidade não seria alcançada, como queriam os **neopositivistas**, por meio da interdisciplinaridade, mas por meio de um ponto de referência comum, que é a história (GADOTTI, 2000).

Após a Segunda Guerra Mundial – frente às razões provocadas pela nação que mais se orgulhava de ser racional, a Alemanha –, questionou-se o que estaria errado nas ciências, na pesquisa e na educação, já que a **pedagogia do diálogo**, que aparece após a Primeira Guerra Mundial, não havia contido a luta entre compatriotas. O estudo da interdisciplinaridade surge, em primeiro lugar, como preocupação humanista, além da preocupação com as ciências (GADOTTI, 2000). Segundo Gadotti (2000), desde então, diferentes correntes se ocuparam da interdisciplinaridade:

- A teologia fenomenológica (com Ladrière, na Bélgica) encontrou um conceito--chave para o diálogo entre a igreja e o mundo.

- o existencialismo de Rogers e Gusdorf procurou dar às ciências o aspecto de unidade.

- a **epistemologia**, de Piaget, tentou desvendar o processo de construção do conhecimento e fundamentar a unidade da ciência.

Se a revolução científica, com base na razão e nos pressupostos do método cartesiano, levou à produção de conhecimentos altamente especializados e benéficos para o avanço da ciência e da tecnologia, desde os anos de 1930, torna-se claro para alguns investigadores que a direção tomada na produção de conhecimento era fragmentada. É exatamente nos anos de 1960 que a interdisciplinaridade cristaliza-se como um movimento de cientistas e acadêmicos europeus a favor de superar a excessiva fragmentação do conhecimento, procurando uma integração.

O movimento a favor da interdisciplinaridade surge com o apoio de agências internacionais, como a Organização para a Cooperação e Desenvolvimento Econômico (OCDE) e a Organização das Nações Unidas para a Educação, Ciência e Cultura (Unesco), em torno de temas como Educação Superior e o papel das Ciências Sociais.

Quatro acadêmicos foram determinantes para a sua consolidação: Edgar Morin, Basarab Nicolescu, Erich Jantsch e Jean Piaget. Impulsionados por essa preocupação com a fragmentação do conhecimento e com os efeitos disso para o futuro da humanidade, participaram de uma conferência organizada pela OCDE chamada "A interdisciplinaridade, os problemas de ensino e a pesquisa nas universidades", realizada em 1970, em Nice, França.

Os resultados dessa conferência foram publicados como uma reflexão sobre a produção de conhecimento. Jantsch e Piaget (apud FAZENDA, 1994), em particular, fizeram considerações epistemológicas sobre a temática. Eles são considerados os criadores dos conceitos de interdisciplinaridade e transdisciplinares.

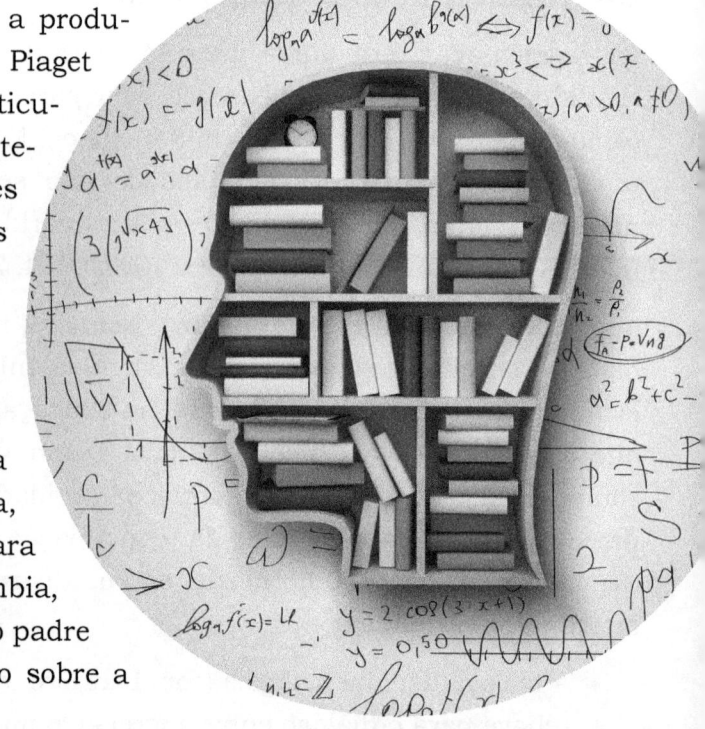

Anteriormente, em 1968, já se havia estabelecido o Centro de Pesquisa Interdisciplinar na cidade de Bielefeld, na Alemanha, que se tornou um modelo para muitos desses centros. Na Colômbia, um dos pioneiros do conceito foi o padre Alfonso Borrero. Em sua reflexão sobre a universidade, ele deparou com a noção de interdisciplinaridade, integrando-a em sua análise sobre as estruturas universitárias. Em 1974, como reitor da Pontifícia Universidade Javeriana, inaugurou a Escola de Estudos Interdisciplinares.

Em nosso século, têm-se criado áreas de conhecimento declaradas "filhas" da junção de disciplinas, quase todas precedidas pelo substantivo "estudos": estudos ambientais, estudos culturais, estudos de gênero, estudos de ciência e tecnologia etc. Outros campos, já não tão novos, foram, em seu momento, também considerados "filhos" dessa integração:

- das teorias do calor e suas relações com a mecânica: termodinâmica.
- das relações entre eletricidade e a química: eletroquímica.
- do entrelaçamento da física e da química: fisioquímica.
- da intersecção da biologia com a química: bioquímica.

Um bom exemplo da necessidade interdisciplinar pode ser observado no estudo do ser humano, investigado pela psicologia, biologia e ciências sociais, separadamente. Na atualidade, porém, é possível que ele seja estudado integralmente, como um ser biopsicossocial, com toda sua complexidade.

ATENÇÃO! A interdisciplinaridade é uma prática que resulta na produção de novos conhecimentos, sem negar as disciplinas nem superá-las, mas assumindo os vários graus de colaboração e intersecção entre elas para alcançar maior relevância e abrangência. A colaboração pode assumir a forma de síntese, hibridação ou integração de perspectivas, exigindo um esforço extra ao reunir especialistas ou pessoas de diversas formações em torno de um mesmo problema.

Interdisciplinaridade é isto: estabelecer relações recíprocas, interações, intercâmbios múltiplos e cooperação entre duas ou mais ciências particulares que estudam um mesmo objeto a partir de diferentes perspectivas; ou que aproximam as propriedades e as relações específicas desse objeto com aparatos teóricos e metodológicos diferentes para desvendar os variados aspectos da sua essência, a fim de alcançar um conhecimento cada vez mais integral desse objeto.

Discutir interdisciplinaridade, portanto, é tratar sobre o conhecimento, sua produção, sua reprodução e seus usos. Ela está relacionada com processos de produção, distribuição, reprodução e conservação do conhecimento.

PARA SABER MAIS! Se deseja aprofundar seus conhecimentos sobre interdisciplinaridade, leia o livro O que é interdisciplinaridade?, de Ivani Fazenda. Disponível em: <https://bibliotecadafilo.files.wordpress.com/2013/11/fazenda-org-o-que-c3a9-interdisciplinaridade.pdf>. Acesso em: 20 jan. 2015.

2. A interdisciplinaridade e as ciências da educação

A concepção interdisciplinar não tem sua origem somente no desenvolvimento científico geral, mas nas ciências da educação, que surgiram no final do século XX. De acordo com Gadotti (2000), o conceito de interdisciplinaridade já aparece, em 1912, com a fundação do Instituto Jean-Jacques Rousseau, em Genebra, e por meio de Edward Claparède, mestre de Piaget. Nesse período, desencadeou-se um debate sobre a relação entre as ciências mães e as ciências aplicadas à educação, como a sociologia (da educação) e a psicologia (da educação).

As primeiras manifestações evidentes da presença da interdisciplinaridade nas ciências da educação podem ser identificadas nas pesquisas sobre a História da Pedagogia. Esta, necessariamente, buscou uma integração entre ambas as disciplinas científicas (História e Educação), sintetizando os aportes teóricos de cada uma. Nela também estão presentes os princípios da **lógica dialética**, assim como da sociologia, pela necessidade de delimitar as influências do desenvolvimento social na evolução dos conhecimentos pedagógicos.

A **pedagogia comparada**, porém, também reflete a interdisciplinaridade, porque enfatiza a lógica das diferenças e semelhanças de concepções pedagógicas, não podendo escapar do contexto social e histórico em que elas surgem e evoluem.

Por isso, na atualidade, falamos em ciências da educação, no plural, porque o desenvolvimento interdisciplinar trouxe a questão de que a pedagogia não é a única ciência responsável pelos processos formativos. Há outras de grande importância também, como a psicologia, a didática, a história e a sociologia.

> *ATENÇÃO! No Brasil, o conceito de interdisciplinaridade, inicialmente, chegou pelo estudo da obra de Gusdorf e, posteriormente, Piaget. Ambos seguem a ideia de garantir a construção de um conhecimento que seja global, rompendo as fronteiras disciplinares. Para isso, integrar conteúdos não seria suficiente; era fundamental tomar uma atitude, isto é, uma postura interdisciplinar: atitude de busca, participação, compromisso, frente ao conhecimento.*

No âmbito universitário, reconheceu-se que a fragmentação disciplinar no Ensino Superior deveria ser substituída por uma proposta curricular somativa, com a ideia de integrar o conhecimento por meio do currículo. A especialização científica entrava em contradição. O desenho curricular, com disciplinas isoladas e independentes que refletiam a excessiva fragmentação do conhecimento, não correspondia às novas demandas sociais: profissionais competentes, capazes de integrar os conhecimentos recebidos, a fim de resolver problemas complexos.

A disciplinaridade, sozinha, não podia solucionar a necessidade de uma formação integral e completa dos estudantes, passando, então, a necessitar de vários campos do conhecimento e de diferentes experiências para facilitar uma melhor compreensão da realidade.

A Unesco se interessou pelos aspectos curriculares de integração do conhecimento, promovendo simpósios mundiais em 1983 e 1985, a favor de um **Currículo Integrado**. Edgar Morin – no congresso intitulado "Que Universidade para o amanhã? Em busca de uma evolução transdisciplinar da Universidade", organizado em 1997, na Suíça, pela Unesco – fez um chamado pela reforma universitária em função das novas demandas do conhecimento.

Nos anos seguintes, proliferaram programas acadêmicos interdisciplinares e foram criadas propostas curriculares de artes liberais e de estudos gerais, buscando-se superar a profissionalização e a formação orientada para a "técnica"; surgiram, até mesmo, universidades experimentais que exploraram formas de organização originais. Também surgiram centros de pesquisas interdisciplinares.

Transcorridos alguns anos de desenvolvimentos conceituais e práticos em torno da interdisciplinaridade, foram observadas mudanças significativas: nos campos universitários, nos programas acadêmicos, nas políticas e diretrizes institucionais a favor da interdisciplinaridade. Esta já não é vista como uma unidade específica, mas que integra diferentes disciplinas.

Nos centros de investigação da indústria e do governo, a interdisciplinaridade está na ordem do dia. Nos órgãos de ciência e tecnologia e em agências de financiamento, ela foi incorporada como parte da agenda de cooperação necessária para a produção de conhecimento, como ocorre com a Academia Nacional de Ciências – National Academy of Science (NAS, 2005), dos Estados Unidos, ou com as iniciativas que financiam o Instituto Nacional do Câncer (National Cancer Institute), também nos Estados Unidos.

Há três interpretações contemporâneas da interdisciplinaridade que se sobressaem na Educação:

- Interpretação racional (perspectiva francesa): concebe a interdisciplinaridade por meio de uma visão acadêmica – com um caráter crítico e reflexivo –, orientada à unificação do conhecimento científico para uma estruturação hierárquica das disciplinas e dirigida à reflexão epistemológica dos conhecimentos disciplinares atuantes.

- Interpretação instrumental (perspectiva anglo-saxônica): o conhecimento é útil e operacional. Essa perspectiva está centrada nas questões sociais empíricas, na atividade instrumental. Sua preocupação principal é a pesquisa da funcionalidade. Segundo essa interpretação, a interdisciplinaridade responde à problemática do saber-fazer e promove a integração do saber ser.

- Perspectiva afetiva (interpretação latino-americana): a prática interdisciplinar suscita um autoconhecimento mediante o caráter inseparável da interação humana. Ela não tem uma função reflexiva nem instrumental. Ela busca a realização do ser humano, promovendo uma concentração, um "eu integrador".

É evidente que as três interpretações constituem respostas extremas e excludentes em relação ao que é mais importante para a interdisciplinaridade no campo educativo, já que cada uma enfatiza um dos aspectos essenciais do processo educacional: o conteúdo racional, a sua natureza utilitária e a condição humana. Todos são importantes, coexistem, convergem e se complementam. Nenhum deles deve ser excluído, mas concebidos a partir de uma abordagem complexa que o integre aos demais.

A interdisciplinaridade levanta a questão de que, a partir de várias disciplinas, podemos chegar a uma compreensão utilitária da realidade, tratando de integrar diferentes conhecimentos. As relações interdisciplinares constituem uma exigência que pressupõe a reorganização e reestruturação do próprio trabalho científico.

3. Multidisciplinaridade, pluridisciplinaridade, interdisciplinaridade e transdisciplinaridade

Na atualidade, não podemos falar em interdisciplinaridade sem falar em multidisciplinaridade, pluridisciplinaridade e transdisciplinaridade.

Quando mencionamos esses termos, estamos nos referindo à interação entre disciplinas ou áreas do conhecimento. Essa interação ocorre em níveis de complexidade diferentes.

Visto como o primeiro nível de interação entre os conhecimentos disciplinares, a multidisciplinaridade é a união de um conjunto de disciplinas, mas em que cada uma se mantém independente, não existindo uma relação de cooperação.

Por exemplo, se o objeto de estudo for um dos cartões-postais mais visitados do Rio de Janeiro, o Pão de Açúcar, a geografia poderá trabalhar a sua localização; as ciências, a vegetação local; a engenharia mecânica poderá mostrar como o bondinho se movimenta. As abordagens serão específicas e não haverá ligação entre elas.

Já na pluridisciplinaridade, em seu segundo nível, as disciplinas têm grande afinidade, aparecem unidas e situam-se em um mesmo nível hierárquico. Nela, o objeto de uma mesma e única disciplina pode ser estudado por várias disciplinas ao mesmo tempo. Por exemplo, em uma escola, será feita uma exposição de arte. Um dos quadros expostos é o Abaporu, de Tarsila do Amaral. Professores de diferentes disciplinas (história da arte, história da literatura, história da cultura brasileira, geometria) realizam trabalhos (com os alunos) sobre o quadro, para a exposição. O que podemos perceber é que as disciplinas estabelecem relação entre o conhecimento de sua área com o de outras, mas esses conhecimentos ainda não se integram. Eles servem somente para esclarecer melhor o próprio objeto.

PARA SABER MAIS! Você conhece o quadro Abaporu? Visite o endereço: <http://memoria.ebc.com.br/agenciabrasil/sites/_agenciabrasil/files/gallery_assist/29/gallery_assist663479/23022011-23022011RABr1654.jpg>. Acesso em: 20 jan. 2015.

O terceiro nível de integração entre as disciplinas é a interdisciplinaridade. Esta é o conjunto de disciplinas conectadas e com relações definidas. Nela, as atividades não são produzidas de forma isolada, separada. Ou seja, quando duas ou mais disciplinas se unem teórica e metodologicamente, dando lugar a uma nova disciplina, chamamos esse fenômeno de "interdisciplinaridade". Por exemplo, a transferência dos métodos da física nuclear para a medicina levou ao aparecimento de novos tratamentos contra o câncer.

> *VOCÊ SABIA? Nas Ciências da Educação destacam-se dois conceitos que refletem em sua essência o caráter interdisciplinar, e até multidisciplinar, de seus fundamentos teóricos:*
> - *Escola de epistemologia genética de Piaget (1896-1980): em sua rica, complexa e original teoria são notórias as influências e confluências de várias disciplinas, tais como a lógica dialética, a epistemologia, a biologia, a psicologia, a sociologia e a teoria do processamento da informação, esta última enriquecida por seus seguidores neopiagetianos.*
> - *A escola histórico-cultural de Vygotsky (1896-1934): nessa concepção, constatam-se influências da Lógica dialética (materialistas), da epistemologia, da psicologia, da sociologia, da teoria do processamento da informação, da história, da linguística e da antropologia cultural, com as contribuições enriquecedoras de seus seguidores, denominados vigotskianos e neovigotskianos.*

A transdisciplinaridade corresponde a um nível de interação disciplinar acima da interdisciplinaridade. Ela tenta ordenar articuladamente o conhecimento, coordenando-o e subordinando-o em uma pirâmide que considera organicamente todas as ciências. A transdisciplinaridade é a interação global entre várias disciplinas, integrando diferentes sistemas interdisciplinares em um contexto mais amplo.

Por exemplo, a equipe de um hospital recebe um paciente com problemas mentais. Diferentes profissionais, como psicólogos, psiquiatras, enfermeiros se reúnem, em prol dele, para fazer um diagnóstico. Para que esse diagnóstico seja dado em situação de transdisciplinaridade, não basta apenas que cada profissional dê sua opinião e indique o tratamento. A configuração transdisciplinar ocorre quando os profissionais estão reciprocamente situados em sua área de formação e na área de cada um dos colegas (IRIBARRY, 2001).

Nesse sentido, a transdisciplinaridade enfrenta a complexidade dos problemas, tendo em conta a diversidade de visões dos problemas científicos e sociais, articulando conhecimento abstrato, conhecimento específico e estudo de caso.

É um processo em que se usa uma estrutura conceitual comum, conjugando teorias, conceitos e visões específicas para enfrentar um problema comum.

Todos os níveis anteriores constituem diversos tipos de cooperação e de solidariedade entre as ciências, nos quais a interdisciplinaridade, como processo de chegada, permite que cada profissional, em uma área específica, relacione o seu saber com outras disciplinas para a construção de novas hipóteses e novos paradigmas geradores de conhecimento.

Atributos da interdisciplinaridade

Para falar sobre interdisciplinaridade, temos de levar em consideração quatro atributos fundamentais.

a) Não existe interdisciplinaridade sem disciplinas.

Em primeiro lugar, a interdisciplinaridade não pode ser concebida separadamente das relações disciplinares. A reflexão sobre a interdisciplinaridade só faz sentido em um contexto disciplinar. O próprio termo "interdisciplinaridade" expressa essa exigência de uma relação: a "interdisciplinaridade" tem "disciplinaridade"!

As inúmeras definições certificam essa posição, admitindo a necessidade de uma ligação entre os vários elementos constitutivos de, pelo menos duas disciplinas, com seus objetos, conteúdos, procedimentos, técnicas etc. O perigo da negação ou da exclusão dessas disciplinas se encontra em uma ilusão que pode resultar em um reducionismo e que consistiria na pretensão de apreender o real em sua totalidade absoluta.

Diante da dificuldade de uma teoria unitária referente a uma concepção de interdisciplinaridade como forma de apreensão holística, é importante adotar uma postura mais humilde, apreendendo a interdisciplinaridade como um método, como uma abordagem que permite estudar diversos segmentos do real em sua complexidade a partir de diferentes pontos de vista inter-relacionados.

Portanto, em uma visão interdisciplinar, as disciplinas – em vez de serem entendidas como obstáculos e, eventualmente, serem expulsas de qualquer marco teórico de referência –, devem ser compreendidas e tratadas como elementos essenciais de qualquer processo de formação. No entanto, apesar de as disciplinas contribuírem, participando e assumindo uma função de medição da relação com o real, estas não constituem, tampouco definem, as finalidades da formação.

A formação interdisciplinar, em vez de se centrar na lógica interna de um sistema de disciplinas científicas, centra-se na lógica social, que é externa à sua dinâmica e que considera a situação-problema em sua complexidade, com o seu contexto e as suas ambiguidades – umas das dimensões a levarmos em conta, que é suscetível de propiciar o desenvolvimento do pensamento interdisciplinar.

b) A interdisciplinaridade não é pluridisciplinar.

O segundo atributo se apoia na distinção terminológica já estabelecida: a interdisciplinaridade deve ser claramente diferenciada da pluridisciplinaridade, que expressa a simples união de duas ou mais disciplinas, agrupando-se de maneira que as relações existentes entre elas se sobressaiam.

A prática interdisciplinar não se baseia em uma perspectiva acumulativa. A agregação não é suficiente; tampouco é suficiente reconhecer a **multidimensionalidade** de qualquer situação real e a possibilidade de fazer distintas leituras para realizar o trabalho interdisciplinar. Não é porque uma estudante faz um curso, inscrevendo-se em uma ou mais disciplinas, que sua formação será interdisciplinar.

Essa concepção multidisciplinar toma como base tanto uma psicologia ingênua como uma visão acumulativa – positivista – da interdisciplinaridade. Assim, em uma formação inicial de professores, a psicopedagogia seria adicionada a uma formação disciplinar didática de disciplinas.

c) A interdisciplinaridade requer uma tensão no nível das finalidades.

O terceiro atributo se baseia na ideia de que a interdisciplinaridade exige uma tensão "benéfica" no nível das finalidades, o que demanda, como já mencionamos, uma complementaridade entre as perspectivas epistemológicas e instrumentais.

Assim, quando se trata de uma abordagem interdisciplinar, predominam duas correntes principais: uma que promove a construção de uma superciência, que substituiria um paradigma universal por paradigmas científicos próprios de cada campo disciplinar (matrizes disciplinares em ação); e outra que propõe a implementação de negociações multidisciplinares ante situações-problema, em relação a questões sociais.

A respeito da educação, por exemplo, a interdisciplinaridade é confrontada com a tensão entre dois grandes desafios sociais: o sentido da reflexão epistemológica e da investigação da compreensão; e a problemática social empírica da funcionalidade, da atividade instrumental.

Essa distinção entre sentido e funcionalidade é crucial, pois ajuda a cristalizar duas tendências que constituem polos de um contínuo e que conecta duas orientações: a busca de uma síntese conceitual e a de uma abordagem instrumental. Essas duas visões, que parecem contraditórias à primeira vista, devem ser, ao mesmo tempo, preservadas, mantidas e, sobretudo, utilizadas de modo complementar, já que não são mutuamente excludentes.

A problemática do sentido não pode ser eliminada ou ignorada, uma vez que a interdisciplinaridade revela uma característica do nosso tempo: a integração social do conhecimento. A interdisciplinaridade é como uma "prática política", ou seja, exige uma negociação entre diferentes visões que permitem decidir, em última instância, uma representação adequada com vistas a uma ação.

Dessa forma, essa tensão manifesta a necessidade de elaborar e examinar um problema (perspectiva cognitiva, a busca de sentido) antes de tentar resolvê-lo (perspectiva pragmática, a busca da funcionalidade) ou tratá-lo, uma vez que todo problema precisa ser estudado e analisado. Essas ações (elaborar e examinar o problema, tratá-lo ou resolvê-lo) são inseparáveis.

d) A interdisciplinaridade é um meio, e a integração é o objetivo do processo de aprendizagem.

A interdisciplinaridade não é um fim; é um meio. No que diz respeito à formação, a interdisciplinaridade refere-se à integração dos processos de aprendizagem (procedimentos de aprendizagem) e de conhecimentos. A razão do uso da abordagem interdisciplinar se deve ao fato de ela promover a mobilização de processos e conhecimentos que asseguram a realização e o sucesso de uma ação, ou seja, proporciona tanto a integração de processos quanto a integração de conhecimentos, sua mobilização e aplicação em situações reais.

A integração como finalidade de uma formação e como modalidade operacional é inseparável da preocupação interdisciplinar.

Por exemplo, no processo ensino-aprendizagem, nesse tipo de abordagem, devem-se levar em conta dois aspectos complementares e sobrepostos: o processo de construção do conhecimento, que implica o desenvolvimento de processos de aprendizagem (conceituação, comunicação, resolução de problemas, trabalho experimental etc.), e a aquisição de conhecimentos em si mesma.

A utilização do conceito interdisciplinaridade com fins integradores exige respostas prévias às seguintes perguntas:

- Por que integrar?
- Quais são os objetivos esperados para tal opção: promover a integração de aprendizagens e de conhecimentos ou promover a abordagem por temas?
- O que é integrar?
- Quais são os elementos envolvidos nesse processo?
- Quais são os objetos de estudo, os conceitos e seus temas?
- Como será realizada a integração? Quais são os métodos, os procedimentos e as estratégias utilizadas para alcançar isso?

A seguir, veremos a importância do termo interdisciplinaridade em psicopedagogia, uma vez que esta se configura como um estudo interdisciplinar.

4. A interdisciplinaridade na psicopedagogia

Ao falarmos em interdisciplinaridade, estamos, de alguma maneira, nos referindo à busca sistemática de integração de teorias, métodos, instrumentos, e, em geral, fórmulas de ação científica de diferentes disciplinas ou áreas do conhecimento.

Vista dessa forma, como uma relação entre disciplinas, podemos dizer que a interdisciplinaridade refere-se à comunicação entre duas ou mais disciplinas, tendo por objetivo a abordagem problemas complexos. Tal interação pode ser desde uma simples comunicação de ideias até a integração de teorias envolvidas nessa interação, os conceitos fundamentais, os dados e os métodos de investigação.

ATENÇÃO! Alguns teóricos consideram a psicopedagogia um campo de estudo trans disciplinar. Porém, esse entendimento não se sustenta. Na transdisciplinaridade ocorre a integração de várias áreas, gerando uma interpretação mais global dos fatos e dos fenômenos estudados. Já na interdisciplinaridade há a possibilidade de criação de um novo campo de conhecimento a partir da superposição de diversas áreas. Não se trata apenas de uma junção, mas de um campo novo que surge.

Como já se sabe, a psicopedagogia estuda a aprendizagem humana. Entretanto, para compreender essa atividade, deve-se ultrapassar os limites de uma disciplina específica, pois ela abrange outros aspectos: físicos, biológicos, cognitivos, afetivos, sociais. Também já temos conhecimento de que a psicopedagogia não pode, obviamente, esgotar-se com as contribuições da psicologia e da pedagogia; pelo contrário, baseia-se em todas as ciências que estudam os seres humanos e a sociedade, direta e indiretamente, enriquecendo conceituações teóricas gerais dessa ciência.

A psicopedagogia possui antecedentes históricos que lhe dão um *status* científico, seja como ciência ou como disciplina intermediária com outras áreas psicológicas – por exemplo, com a psicologia geral, a psicologia da personalidade, a psicologia da aprendizagem, a psicologia do desenvolvimento. No entanto, ela também se integra às ciências da educação, por sua natureza interdisciplinar.

A aceitação do processo educativo como seu objeto essencial pressupõe conceber um sentido geral e integral, pois existe dentro desse mesmo objeto uma ampla gama de fenômenos, incluindo o ensino-aprendizagem, que pode ser estudado de forma independente e analítica, mas sem separá-lo do contexto mais amplo, que é o educativo, visando, assim, à formação, ao desenvolvimento e ao aperfeiçoamento dos alunos.

No cotidiano do ambiente escolar, a psicopedagogia não é a única ciência útil, mas desempenha um papel fundamental porque valoriza a subjetividade dos atores, um elemento essencial que, se ignorado ou desprezado, pode impedir qualquer tentativa de inovação e de melhoria no processo pedagógico.

Há vários argumentos teóricos a favor da psicopedagogia como uma ciência interdisciplinar:

- A impossibilidade atual de estudar os fenômenos educativos somente a partir da psicologia ou da pedagogia. Para conseguir um estudo verdadeiramente científico, é imprescindível que o objeto de investigação seja de caráter psicopedagógico; do contrário, estaremos fragmentando uma realidade.

- A acumulação quantitativa e qualitativa de conhecimentos científicos de diferentes áreas contribui para o desenvolvimento de um *corpus* teórico e metodológico que sustenta a psicopedagogia.

- A contribuição de métodos de investigação e técnicas que não são exclusivos da psicologia ou da pedagogia facilitam a obtenção de conhecimentos científicos mais abrangentes, possibilitando respostas mais oportunas e precisas aos problemas da prática educativa.

Esses argumentos permitem defender a existência de uma disciplina psicopedagógica com seu objeto, seus métodos e com um sistema de conhecimentos que não pode ser restrito às ciências de base (psicologia e pedagogia). Como disciplina, deve, necessariamente, ter um corpo teórico próprio que lhe possibilite dispor de bases científicas próprias e desenvolver suas próprias abordagens, apesar de isso não ser tão fácil.

PARA SABER MAIS! A psicodidática também é uma manifestação das relações interdisciplinares da psicologia com a pedagogia. O paradigma da complexidade em psicodidática se manifesta ao conceber o processo de ensino-aprendizagem como pluridetermianado devido às suas várias causas e condições. Ela também possui regularidades gerais suscetíveis de investigações científicas, o que não impede de se aceitar o fato de ela ser aleatória e única em condições contextuais específicas.

A psicopedagogia não se diferencia pela variedade de aspectos concretos ou parciais da experiência humana que aborda (mente, cultura, linguagem etc.), mais que isso: ela centra-se em um conjunto de práticas e atividades sociais com um caráter claramente educativo.

A criação de um sistema epistêmico da psicopedagogia é um desafio urgente. Porém, pesquisadores têm de tomar consciência da sua relevância e necessidade, principalmente diante das condições complexas em que a educação tem se desenvolvido neste século. É perceptível o número de investigações e publicações com recorte psicopedagógico, e é fundamental que se mantenha a necessidade de aprofundamento, acrescentando novos elementos a seu *status* científico.

A ampliação do conceito de educação constitui, pois, um aspecto importante dentro do cenário profissional e investigativo. De maneira progressiva, esse processo tem rompido os muros acadêmicos, expandindo-se à comunidade e à família, contrariamente às concepções tradicionais que restringiam o conceito às instituições escolares.

Nessa abordagem, o processo de aprendizagem humana adquire um caráter complexo por receber influências provenientes não apenas das escolas, mas da família e da comunidade. A educação é, portanto, escolar, familiar e comunitária – a psicopedagogia não pode ignorar esse fato em sua conceituação teórica e metodológica.

O papel da escola, porém, não pode e não deve ser subestimado – ela é mais bem preparada para lidar com o processo pedagógico em cooperação com outras instituições sociais já mencionadas. Longe de ser diluído, o papel da escola, dentre outros, é reforçar a sua grande relevância social, tendo em vista que na família e na comunidade existem influências formativas com alto grau de espontaneidade e pouca sistematização.

A disciplina sociologia da educação deveria, portanto, estar diretamente ligada à psicopedagogia, devido ao tratamento científico que esta última requer do contexto social na formação dos seres humanos. Quando nos referimos à educação como realidade social, estamos fazendo referência a uma realidade complexa, constituída por uma série de práticas, processos, contextos, sujeitos, instituições, conteúdos culturais, intenções, fundamentos, áreas etc. A educação é determinada historicamente por fatores políticos, sociais, culturais, ideológicos, geográficos e demográficos.

A dimensão sociológica da educação nem sempre é abordada explicitamente. Entretanto, implicitamente, está sempre presente. Essa afirmação torna-se evidente porque nem sempre os contextos sociais e culturais são levados em consideração em resultados científicos. Todos os problemas psicopedagógicos têm raízes que emergem e se desenvolvem em contextos históricos, sociais, culturais e geográficos específicos, e sem as contribuições da sociologia da educação é praticamente impossível analisá-los de forma abrangente e rigorosa.

Outra disciplina importante para a psicopedagogia é a história da educação, que não deve ser restrita a estudar o pensamento pedagógico e suas condições históricas, mas incluir os sistemas e as políticas educativas com as atuais tendências e perspectivas, a fim de garantir uma compreensão mais completa e complexa do fenômeno educativo em suas dimensões subjetiva, social e histórica.

Conforme já mencionamos, a própria existência da psicopedagogia como disciplina científica tem influenciado o surgimento de princípios interdisciplinares que não correspondem ao puramente psicológico ou pedagógico, já que há uma transcendência destes, por sua amplitude. Entretanto, não os exclui. Assim, existem várias disciplinas que intervêm no processo educativo. Cada uma se concentra em uma dimensão. Por exemplo, a biologia dá conta da estrutura genética e neurofisiológica do sujeito; a antropologia trata da relação entre as formas de vida dos povos e das comunidades e a sua educação; a história fornece informações sobre o desenvolvimento da educação em uma sociedade, estado ou país, em determinada época.

Essas disciplinas, com seus próprios campos de conhecimento e metodologias particulares, abordam alguns aspectos do processo educativo em particular. É claro que a interdisciplinaridade não é exclusividade da psicopedagogia. Ela pertence a todos os fenômenos sociais e até mesmo naturais. Por exemplo, no campo da política se fala em economia política, filosofia política, geopolítica.

Para lidar com a complexidade que envolve os processos educativos, deve-se conceber a ideia da articulação entre disciplinas, na medida em que nos colocamos frente a uma realidade que vai além dos conteúdos disciplinares. A interdisciplinaridade tem como vantagem permitir uma visão integral do objeto de estudo, estimulando o surgimento de novas concepções teóricas e metodológicas para a solução dos problemas científicos. Além disso, ela contribui para elevar o potencial teórico das ciências e, portanto, aumentar a sua relevância ante as crescentes demandas de desenvolvimento social.

Por que a interdisciplinaridade é tão importante na psicopedagogia? A interdisciplinaridade em psicopedagogia é de grande importância, principalmente, porque ela permite:

- desenvolver modelos de investigação integradores, com os quais é possível obter um conhecimento mais profundo, objetivo e real da problemática;
- combinar contribuições de todas as especialidades possíveis de integração, facilitando a elaboração de uma proposta metodológica mais consistente desde o ponto de vista teórico para a análise até a interpretação dos fenômenos sociais;
- resgatar a realidade excedente que escapa de uma visão unidisciplinar.

A dificuldade de delimitar as áreas das disciplinas relacionadas à psicopedagogia, como a psicologia e as ciências da educação, é fruto de um desenvolvimento histórico, já que, ao longo do tempo elas compartilham questões teóricas de interesse comum, metodologias de trabalho similares e intervenções profissionais dentro de um mesmo âmbito.

Como muitas outras disciplinas, a psicopedagogia apresenta dimensões diferentes:

- A dimensão teórica precisa da elaboração de um marco teórico de conhecimento que permita compreender e explicar os diferentes processos de intervenções pedagógicas.
- A dimensão tecnológica se propõe a elaborar procedimentos, estratégias, modelos e métodos para melhorar a intervenção.
- A dimensão prática facilita a implementação de práticas psicopedagógicas mais eficazes e satisfatórias.

Naturalmente, devemos dizer que a psicopedagogia não existe em estado puro, mas interdisciplinar. Essa aparente fragmentação, por ser composta de várias disciplinas, não impede que a psicopedagogia seja suscetível de investigação científica. Diferentes disciplinas produzem uma pluralidade de saberes, integrando corpos teóricos mais abrangentes e sistemáticos e permitindo, assim, uma compreensão mais completa, porém não acabada, de uma realidade educativa.

Se a psicopedagogia trata de dar explicações sobre a aprendizagem humana, ela o faz a partir de contribuições ou conhecimentos de outras ciências, sem as quais seria praticamente impensável como ciência. Por exemplo, se a psicopedagogia dá explicações sociológicas sobre a aprendizagem humana é porque se apoia em conhecimentos sociológicos. Portanto, ela não pode se referir à educação sem, necessariamente, se reportar a outras ciências (pedagogia, filosofia, psicologia, antropologia, sociologia, biologia, entre outras).

Glossário – Unidade 2

Currículo integrado – plano pedagógico que articula dinamicamente trabalho e ensino, professor e aluno, prática e teoria, ensino e comunidade. A relação entre trabalho e ensino, entre os problemas e as suas hipóteses de solução, devem ter sempre, como base, as características socioculturais do meio em que esse processo se desenvolve. No currículo integrado, os componentes das unidades de ensino e aprendizagem devem exercer uma relação de interdependência que se concretiza na medida em que o processo avança.

Epistemologia – ciência que estuda o conhecimento humano e o modo como o indivíduo age para desenvolver as estruturas de pensamento. O papel da epistemologia é cristalizar, clarificar a natureza do conhecimento, ou seja, demonstrar como conhecemos as coisas, o que sabemos, se o que sabemos é verdade e quais são os limites desse conhecimento.

Lógica dialética – deve ser entendida como método de obtenção e demonstração do conhecimento ou verdade científica, enfocando as formas do pensamento como reflexo da realidade. Esse reflexo não é passivo, mas analítico-crítico da relação entre as formas lógicas do pensamento e o processo histórico social do desenvolvimento. A lógica dialética analisa todo o conteúdo: estuda as formas de pensamento, descobre seu conteúdo objetivo, mostra as formas de pensamento simples e complexos da realidade. Como exemplo, temos como objeto de estudo uma flor. A lógica dialética não irá estudar apenas a flor, mas em que condições ela cresce e como ela se desenvolve.

Multidimensional – que possui múltiplas dimensões; refere-se a níveis ou campos de conhecimento diversos.

Neopositivismo – também chamada de positivismo lógico, essa corrente surgiu nos primeiros anos de 1920 e sustentava que seus objetos eram conceitos, proposições e teorias da ciência. O conhecimento legítimo deveria ser adquirido diretamente na experiência.

Pedagogia comparada – estuda as semelhanças e diferenças dos aspectos educativos entre países ou entre regiões de um mesmo país, na atualidade ou em diferentes épocas históricas. A comparação pode incluir um ou vários aspectos: funções da educação, organização dos níveis educacionais, legislação, currículo. Marc Antoine Jullien foi o precursor da pedagogia comparada, em 1817, em Paris. Ele considerava a educação um meio para alcançar a paz e a unidade entre os povos.

Pedagogia do diálogo – área da pedagogia que tem como fundamento o diálogo crítico. Por meio dele, o homem existe e age sobre o mundo (FREIRE, 1979).

UNIDADE 03
A ATUAÇÃO PROFISSIONAL DO PSICOPEDAGOGO E A RELAÇÃO PSICOPEDAGOGO-APRENDENTE

Capítulo 1 Quem é o psicopedagogo, 50

Capítulo 2 Atuação profissional do psicopedagogo, 54

Capítulo 3 Relação psicopedagogo-aprendente, 60

Glossário, 68

1. Quem é o psicopedagogo

Imagine a figura de um novo psicopedagogo em uma escola. Nessa instituição, são crescentes os casos de **bullying**, tanto no ensino fundamental (alunos de 6 a 14 anos), quanto no ensino médio (alunos de 15 a 17 anos). Quais ações esse profissional poderia adotar para acabar com a referida conduta e prevenir que casos futuros sejam identificados na escola? Lembrando que as ações sempre deverão ser adaptadas à idade e ao nível de escolaridade dos alunos.

É no ensino fundamental que os alunos se desenvolvem e aumentam suas capacidades de planejar, elaborar estratégias, liderar e manipular. Provavelmente, nessa etapa, é possível identificar quais são as situações de *bullying* (verbal, físico, social) e o psicopedagogo tem condições para conversar com os professores (assessorando-os) e com as famílias dos envolvidos; sugerir atividades; coordenar grupos de reflexão; escutar, individualmente, tanto quem praticou quanto quem sofreu o *bullying* – sem julgar os alunos e mantendo sempre a confidencialidade; estabelecer consequências claras e reparadoras frente ao abuso e à crueldade, propondo ações corretivas. Para prevenir o *bullying*, vale sugerir algumas atividades aos professores – como o trabalho com contos, filmes, músicas, histórias com finais abertos –, a fim de envolver os espectadores; todas tratando, direta ou indiretamente, do tema.

No caso do ensino médio, os alunos estão buscando sua identidade, experimentando papéis e buscando a aceitação. Pertencem a diferentes "tribos". Possuem mais capacidades estratégicas; a dinâmica e exigência escolar mudam; e estão expostos a mais estímulos. Evidenciam-se importantes mudanças físicas, familiares e sociais. É a etapa de explosão do *bullying*.

Nessa fase, o psicopedagogo pode intervir na questão, observando a dinâmica grupal e assessorando os professores. Pode, também, realizar entrevistas individuais com o agressor e com o agredido, estabelecendo medidas disciplinares para o primeiro, bem como entrevistar individualmente os familiares dos envolvidos, garantindo a confidencialidade da informação e, para prevenir futuras condutas agressoras, indicar atividades que fomentem a participação em tarefas comunitárias. No conteúdo abordado em aula, temas como tolerância, emoções e diferenças podem ser inclusos na pauta a fim de ressaltar a importância do respeito e da tolerância com todas as opiniões. O profissional também pode explicar claramente o que é o *bullying* e suas consequências, dramatizando situações conflituosas e sugerindo ao grupo alternativas para resolvê-las.

Esses exemplos são somente um exercício para experimentar o papel e a importância de um psicopedagogo em uma escola, intervindo não apenas na aula, mas em tudo que acontece na instituição. Mas, quem é esse psicopedagogo? Convém conhecê-lo melhor.

> *ATENÇÃO! O psicopedagogo é o profissional que se ocupa de compreender as pessoas em situação de aprendizagem e intervém para favorecê-la, a fim de que ela ocorra da melhor maneira possível. Ele prevê problemas e aperfeiçoa as capacidades de cada pessoa em particular, propiciando o seu acesso ao conhecimento.*

O psicopedagogo lida com o ser humano em situação de aprendizagem, processo social considerado uma reconstrução do pensamento pessoal. A aprendizagem é um processo permanente de construção e ressignificação de conhecimentos, habilidades, valores etc., em um tempo e em um espaço, e dado por uma relação entre sujeito e meio. Isso implica um indivíduo inserido em um contexto familiar e em um processo educacional.

Ao dizer que se ocupa do sujeito em uma situação de aprendizagem, não nos referimos apenas ao processo sistemático desenvolvido por diferentes instituições. É comum pensar que o psicopedagogo atende somente às crianças portadoras de necessidades educacionais especiais. No entanto, sua tarefa é muito mais ampla. Ele pode oferecer atenção a todas as pessoas, em qualquer fase de desenvolvimento, desde a estimulação precoce até as abordagens terapêuticas na terceira idade.

Segundo a Associação Brasileira de Psicopedagogia (**ABPp**), cabe à atividade psicopedagógica:

a) **promover a aprendizagem**, contribuindo para os processos de inclusão escolar e social;

b) **compreender e propor ações** frente às dificuldades de aprendizagem;

c) **realizar pesquisas científicas** no campo da psicopedagogia; e

d) **mediar conflitos** relacionados aos processos de aprendizagem.

O psicopedagogo pode atuar tanto de forma preventiva como terapêutica, não somente em escolas, mas em diferentes instituições, visando apoiar os sujeitos e os grupos envolvidos nesse processo.

O caráter preventivo tem como objeto a pessoa a ser educada, os respectivos processos de desenvolvimento utilizados e as alterações desses processos, que podem ser um obstáculo para o desenvolvimento global do sujeito ou de grupos.

O psicopedagogo assessora pais, professores e gestores sobre os diversos aspectos do processo ensino-aprendizagem, esclarecendo, por exemplo, as dificuldades de aprendizagem, explicando aos professores as habilidades, os conceitos e princípios envolvidos no processo ensino-aprendizagem. Atua junto a professores, alunos e suas famílias ou na formação de profissionais da educação.

Com relação ao caráter terapêutico, o psicopedagogo irá identificar, analisar, planejar e intervir, realizando um diagnóstico e propondo um tratamento para as dificuldades de aprendizagem. Por meio do diagnóstico psicopedagógico, ele elaborará, juntamente com outros profissionais (psicólogos, psicomotricistas, fonoaudiólogos, psiquiatras e psicanalistas), mecanismos de **intervenção** direcionados a potencializar a aprendizagem e remediar as dificuldades do aluno. Tudo isso dentro de um sistema que tem como destinatários tanto o indivíduo (estudante, pai/mãe, professor) como o grupo (classe, família, equipe docente).

O psicopedagogo preocupa-se com todas as características da aprendizagem humana: como se aprende; como essa aprendizagem varia evolutivamente e está condicionada a diversos fatores; como e por que se dão os distúrbios de aprendizagem e como reconhecê-los e tratá-los; o que fazer para prevenir distúrbios e promover processos que sejam significativos para os participantes.

Esse profissional não só considera essas questões a partir de um ângulo **subjetivo** e individual, mas tenta abarcar toda a problemática educativa, na medida em que procura conhecer as demandas humanas, indicando os obstáculos e as condições para que a aprendizagem ocorra. O olhar global e integral que envolve a aprendizagem de um sujeito é o posicionamento psicopedagógico que hoje se requer para que haja uma aprendizagem saudável. Por isso, sua atividade caracteriza-se pelo aspecto interdisciplinar, enxergando o aluno a partir de uma perspectiva **biopsicosocial**. Em outras palavras, o psicopedagogo leva em consideração, na formulação de hipóteses, os fatores orgânicos, afetivos, cognitivos e culturais envolvidos no processo de aprendizagem; afinal, as dificuldades de aprendizagem são multifatoriais em sua origem e muitas vezes exigem essa abordagem interdisciplinar.

No Brasil, a Associação Brasileira de Psicopedagogia (ABPp) cuida de questões referentes à formação, ao perfil, à difusão e ao reconhecimento da psicopedagogia no país, além de promover palestras, conferências, cursos, jornadas e a divulgação de trabalhos na área.

De acordo com a ABPp, a formação em psicopedagogia deve proporcionar o desenvolvimento de habilidades e competências que sejam compatíveis com as demandas contemporâneas.

A atuação profissional requer uma formação que garanta ao psicopedagogo a aquisição qualificada de conhecimentos específicos da área, permitindo a construção de habilidades e competências, sendo elas:

- planejar, intervir e avaliar o processo de aprendizagem, nos variados contextos, mediante a utilização de instrumentos e técnicas próprios da psicopedagogia;
- utilizar métodos, técnicas e instrumentos que tenham por finalidade a pesquisa e a produção de conhecimento na área;
- participar na formulação e na implantação de políticas públicas e privadas em educação e saúde relacionadas à aprendizagem e à inclusão social;
- articular a ação psicopedagógica com profissionais de áreas afins, para atuar em diferentes ambientes de aprendizagem;
- realizar consultoria e assessoria psicopedagógicas;
- exercer orientação, coordenação, docência e supervisão em cursos de Psicopedagogia; e
- atuar na coordenação e gestão de serviços de psicopedagogia em estabelecimentos públicos e privados.

Partindo da ideia de que o perfil profissional do psicopedagogo possui um caráter emergente, ele não deve vincular-se somente à intervenção na educação formal, mas também na educação não formal, como em serviços nas comunidades e em organizações empresariais.

No Brasil, a regulamentação da profissão "psicopedagogo" foi aprovada pelo Senado Federal em 05 de fevereiro de 2014, após muitas lutas, por meio do Projeto de Lei da Câmara (PLC) n. 31/2010. No texto, destaca-se que poderão exercer a atividade de psicopedagogia:

- graduados em psicopedagogia;
- portadores de diploma em psicologia, pedagogia ou licenciatura que cursaram especialização em psicopedagogia, com duração mínima de 600 horas e 80% da carga horária dedicada a essa área; e
- portadores de diplomas de curso superior que exercem ou já exerceram atividades profissionais de psicopedagogia, em instituição pública ou privada.

Apesar dos avanços alcançados, ainda há uma certa dificuldade em se entender o papel do psicopedagogo, que tem como objetivo ajudar a todos, exercendo funções de prevenção, desenvolvimento e intervenção social e colaborando para promover a formação integral do sujeito.

PARA SABER MAIS! O objetivo desta unidade é mostrar o papel do psicopedagogo, as competências que o caracterizam e as que serão respondidas pelo saber, pelo saber fazer, pelo querer e pelo querer fazer. Para isso, acreditamos que seja importante conhecer o código de ética desse profissional. Tal código estabelece os parâmetros e orienta os profissionais da psicopedagogia brasileira quanto aos princípios, normas e valores relacionados à boa conduta profissional. Para ler o código de ética do psicopedagogo, visite o endereço: <http://www.abpp.com.br/codigo-de-etica-do-psicopedagogo>. Acesso em: 20 jan. 2015

2. Atuação profissional do psicopedagogo

As últimas reformas educativas ocorridas em nosso país e o ritmo acelerado de mudanças sociais e tecnológicas demandam um profissional de psicopedagogia que esteja presente em diferentes áreas, tanto educativas como comunitárias e empresariais, com um papel bem estabelecido e funções bem definidas, que respondam às exigências atuais.

O psicopedagogo no sistema educativo

A escola tem revisto a sua política educacional, que vem mostrando deficiências históricas oriundas, muitas vezes, da má vontade de seus membros, das equipes de orientação escolar que possuem dificuldades frente às problemáticas de aprendizagem. Jovens são rotulados de desatentos e hiperativos por uma educação que não motiva, e por uma ignorância de muitos âmbitos escolares.

Os pais devem ter em mente que, ante uma escola em reconstrução, ante o fracasso escolar, o psicopedagogo pode oferecer um espaço de escuta, de abordagem, em que há vazios institucionais, olhares potencializadores, metodologias desacertadas e posturas dogmáticas que alienam a real construção subjetiva. O aprender hoje implica um desafio em que essa profissão pode colaborar com a formação de cidadãos construtores de saber e da realidade social.

O objeto de estudo do psicopedagogo, como se sabe, é a aprendizagem como processo que transcende a escola e em que participam um sujeito que aprende, outro que ensina, e o conhecimento, formando uma interação **dialética**. Durante esse processo, a realidade resiste para ser apreendida. O sujeito deve fazer um esforço, colocar em jogo seus esquemas de ação, recursos cognitivos, para apropriar-se dela. Ainda assim, há a impossibilidade de satisfazer o desejo de conhecer. O sujeito enfrenta a angústia do desconhecimento, que é o motor de novas aprendizagens. A maneira particular adotada por cada sujeito para enfrentar essa angústia e encarar novas aprendizagens é chamada de "modalidades do aprender."

Os sujeitos com problemas nessas modalidades veem-se ridicularizados pelo sintoma, perdem a capacidade de argumentar, de apropriar-se do objeto de conhecimento; em suma, perdem a capacidade de pensar.

A escola, como lugar onde se realizam aprendizagens extra-familiares durante a infância, tem algo a pedir. A existência de "sujeitos problemáticos" salienta, de algum modo, uma carência no ensino. O que pode fazer a escola, nesses casos? Um caminho é tratar dos "sujeitos problemáticos" fora da escola, com alguém que está disposto a assumi-lo, exigindo soluções rápidas e efetivas, acompanhadas por um informe psicopedagógico.

Nesses casos, a colaboração da escola com o tratamento pode ser feita a partir do envio de informes detalhados sobre o que o aluno não é capaz de fazer (não pode resolver situações problemáticas; não presta atenção; não apreende os conteúdos). Outra opção é tentar estabelecer vias de comunicação com o psicopedagogo institucional que possibilitem entender a problemática do aluno e de sua família.

No contexto educativo, o psicopedagogo assume uma postura cada vez mais especializada para dar conta das demandas de um sistema educativo a cada dia mais complexo. A maior parte da atuação psicopedagógica se concentra nas instituições diretamente ligadas à educação formal. Os níveis de ação psicopedagógica abarcam os estudantes, a própria instituição e a comunidade educativa.

- **Estudantes**: avaliar e apoiar psicopedagogicamente o desenvolvimento pessoal e o processo ensino-aprendizagem dos alunos, especialmente daqueles que apresentam alguma dificuldade de aprendizagem; identificar alunos com dificuldades de aprendizagem; detectar obstáculos em seu desenvolvimento; elaborar estratégias de acordo com suas características; fazer adaptações curriculares; acompanhar a evolução das competências pessoais.

- **Família**: informar e orientar a família; realizar oficinas informativas e de levantamento de estratégias; promover a sensibilização acerca das características do aluno com dificuldades de aprendizagem; informar progressos e apoiar, de maneira complementar, em período de intervenção psicopedagógica.

- **Instituição**: ajudar a elaborar adaptações curriculares conjuntas; colaborar na formação de professores e na pesquisa e inovação didática; coordenar ações de atenção à diversidade e à integração de alunos portadores de necessidades educacionais especiais.

Cada vez mais, a participação do psicopedagogo vem se consolidando como elemento crucial para uma melhor qualidade educativa. O aparecimento da psicopedagogia surge como uma necessidade de se compreender o processo ensino-aprendizagem, como uma resposta a uma realidade complexa.

Podemos dizer que o psicopedagogo, no sistema educativo, é o profissional preparado para estruturar estratégias de intervenção junto aos alunos com dificuldades de aprendizagem. Também são funções do psicopedagogo: diagnosticar, prevenir, reeducar e intervir nas dificuldades de aprendizagem nas áreas de leitura, escritura e cálculo.

O psicopedagogo tem capacidade de inserir-se nos processos de ensino, propondo mudanças e adaptações curriculares para apoiar, orientar e guiar os alunos com dificuldades de aprendizagem, aplicando programas e técnicas para constatar a evolução e o progresso do aluno.

O modo como cada sujeito aprende está condicionado pelas diferentes situações de encontro com as "figuras ensinantes" (pais, professores, entre outros) que tem durante a sua vida. São essas figuras que vão formando um todo particular de aproximação com os objetos do conhecimento. Nesse sentido, o psicopedagogo tem como objetivos em uma instituição educativa:

- saber que está incluído, comprometido no mesmo terreno de suas indagações, e que, ao atuar, produzirá um impacto determinado.

- poder decifrar e reconhecer as estruturas e os processos atuantes na aprendizagem, em sua promoção e em suas alterações.

- aprender a incluir-se instrumental e operativamente, de forma intencional, em seu campo de ação, colaborando com o esclarecimento e os processos de mudança.

- aprender a manter-se disponível a todo momento, em suas tarefas, em uma atitude investigativa; estar aberto para perceber os fenômenos.

- reconhecer a estrutura e a dinâmica dos fenômenos, percebendo o que é óbvio, dado e aparente, buscando um sentido para eles. Sentido esse que é construído de acordo com inferências teóricas, que nunca recobrem a forma total dos fenômenos, os quais sempre são revestidos por pontos obscuros, vazios e interrogantes.

O trabalho em equipe – mesmo com todas as dificuldades que ele possa aparentar, tanto para o professor quanto para o psicopedagogo – permitirá elaborar estratégias de intervenção conjuntas, a partir da especificidade de cada papel.

A realidade educativa tem exigido que, cada vez mais, haja um diálogo e um trabalho conjunto com diversos campos de conhecimento. Ou seja, existe uma necessidade de se trabalhar nas escolas de forma interdisciplinar, com pedagogos, psicólogos, psicopedagogos. Cada qual, com o seu olhar, fornece conhecimentos complementares.

A psicopedagogia em organizações comunitárias

Quando falamos em organizações comunitárias, estamos nos referindo a uma ampla gama de serviços, geralmente independentes, da Administração Pública, seja central, regional ou local, que visa contribuir com a sociedade. Nesses ambientes, podemos encontrar profissionais da psicopedagogia.

Os setores sociais em que os psicopedagogos podem atuar abrangem os cuidados com as crianças, com a orientação da mulher, da família e dos adultos, com os idosos e com os deficientes. Os postos de trabalho passíveis de ocupação são: educador comunitário, responsável pelo Departamento de Administração Pública, e formador em assistência e em reabilitação, responsável pela assistência em instituição voltada a menores.

Um dos objetivos de atuação do psicopedagogo em organizações comunitárias é o de desenvolver competências em grupos de risco, devendo abordar questões como as competências sociais, as relações interpessoais, o controle do estresse, o acesso a recursos disponíveis, a preparação para transições etc. Além disso, o psicopedagogo procura meios comunitários para ofertar serviços que facilitem a integração social dos cidadãos e melhorem a qualidade de vida destes. Nesse contexto, as áreas de intervenção são amplas e não estão relacionadas com os modelos tradicionais que associam a atividade psicopedagógica ao sistema educativo formal.

Situações de desigualdade – de gênero, raça, idade – discriminação, exclusão social (entre outras) podem ser abordadas por meio de programas sociais que incluam objetivos educativos e psicopedagógicos, fomentando a igualdade de oportunidades e a participação de diferentes estratos sociais da população.

Em qualquer uma dessas situações, no contexto das organizações comunitárias, bem como em outras esferas, o trabalho psicopedagógico desempenha um papel importante, traçando uma linha de trabalho em colaboração com outros profissionais. Se a população apresentar muita dificuldade, é aconselhável que a intervenção seja feita com diferentes profissionais. Em qualquer caso, o psicopedagogo tem um papel fundamental, de um especialista em processos e conteúdos de orientação, além de um profissional que faz a ponte entre as diferentes classes sociais, programas educativos e usuários.

Em suma, podemos dizer que o psicopedagogo nas organizações comunitárias pode desempenhar muitas funções que repercutam na melhoria social do cidadão e de sua qualidade de vida.

O psicopedagogo em organizações empresariais

O terceiro contexto onde os psicopedagogos podem ter um campo de atuação é nas organizações empresariais. No último terço do século XX, as empresas começaram a sofrer mudanças significativas em função dos rápidos avanços tecnológicos e do considerável crescimento econômico e social, dentre outras razões. Essas mudanças promoveram alterações na dinâmica empresarial, principalmente na estrutura da organização e na formação dos trabalhadores. É nesse terreno que surge a figura do psicopedagogo nas organizações.

O psicopedagogo pode fornecer recursos para melhorar as atividades laborais e aumentar a satisfação no trabalho e no desenvolvimento pessoal, colaborando com outros profissionais para alcançar objetivos comuns no departamento, na seção, nos serviços ou na empresa como um todo: planejamento estratégico da empresa, estrutura organizativa, seleção de pessoal, plano de acolhimento ou integração de colaboradores, formação, projeto de plano e carreira, avaliação de desempenho, comunicação interna, prevenção de acidente de trabalho e cultura organizativa (FONTAVA, 2005).

O trabalho nas organizações tem sido feito por muitos profissionais, motivados por uma demanda social crescente. Os psicopedagogos não têm dado importância ao contexto profissional, tendo a pedagogia que assumir esse campo como perfil formativo, abrindo caminho para a especialização em **pedagogia empresarial**. Assim, serviços enquadrados em departamentos pessoais, formação ou recursos humanos, para citar alguns exemplos, podem ser assumidos por profissionais da educação, como pedagogos ou psicopedagogos. Mas, para isso, deve-se recorrer à formação de pós-graduação, a fim de especializar-se nesse tipo de intervenção.

A função de um psicopedagogo, por exemplo, em um departamento de Recursos Humanos – o que seria o seu hábitat de trabalho –, passa pelo recrutamento, pela formação da empresa, pela consultoria, pelo desenvolvimento da carreira dos funcionários, pelos programas de assistência aos empregados etc. Além disso, é dele a responsabilidade por todas as decisões e ações que afetam a natureza da relação entre empresa e empregados, como programas de prevenção às drogas, ao tabagismo, ao alcoolismo e a outros que possam ocasionar um impacto negativo sobre o avanço da empresa, tendo como sujeitos os próprios trabalhadores.

O psicopedagogo pode exercer sua atividade profissional em grandes empresas, associações e até sindicatos, ocupando postos de trabalho como chefe de formação, instrutor de formadores, assessor de técnicas de formação, instrutor de áreas específicas, assessor pedagógico de empresas de instrumentos educativos (brinquedos, livros e revistas).

Essa área vem preencher uma necessidade em contextos produtivos como uma vantagem competitiva real, trazendo uma melhora para a qualidade de vida no trabalho e para o ambiente nas organizações.

Assim, ter um profissional específico para desenvolver e dirigir esse núcleo de atividades implica, basicamente, responder às seguintes funções:

- desenho do processo de socialização de novas incorporações;
- projeto de planos de carreira harmonizando interesses pessoais com os objetivos da organização;
- diagnóstico e análise das necessidades de formação, colaborando com a concepção do plano de formação, em sua gestão e avaliação;
- formação de formadores;
- avaliação e auditorias de qualidade;
- colaboração no processo de recrutamento;
- colaboração na criação de sistemas de informação e comunicação; e
- colaboração na concepção, implementação e avaliação de programas relacionados com a prevenção de riscos profissionais.

Nesse contexto empresarial, não podemos deixar passar despercebido que a maior dificuldade para exercer a intervenção psicopedagógica é que esse trabalho tem sido realizado por profissionais variados, às vezes sem especialidade na formação acadêmica, no âmbito de atuação. Isso ocorre devido a uma crescente demanda social e em função dos titulados em psicopedagogia não terem dado importância a esse campo profissional. Ainda assim, consideramos de grande interesse as contribuições que a psicopedagogia pode oferecer no campo das organizações empresariais.

3. Relação psicopedagogo-aprendente

Para tratarmos da relação psicopedagogo-aprendente, é preciso situar o sujeito aprendente. Este se localiza na articulação entre informação, conhecimento e sabedoria; entre sujeito desejante e **sujeito cognoscente**. É constituído sempre pela articulação com o outro ou com os outros: pais, professores e meios de comunicação.

Um conhecimento, quando transmitido, para nós, é uma construção. Mas, enquanto o transmitimos, ele se transforma em um ensino processado por meio da informação. Diante disso, o aprendente precisa construir o conhecimento. Para isso, ele necessita que a informação seja fornecida por um ensinante, e que ele tome como ponto de partida seu próprio saber, dando sentido à informação recebida.

A aprendizagem é uma dinâmica onde está presente o aprendente, o ensinante, uma relação entre ambos e um saber que circula. Vale destacar que os termos "ensinante" e "aprendente" não são equivalentes a "professor" e "aluno". Estes últimos fazem referência a um dispositivo pedagógico, enquanto que os primeiros são instrumentos de apropriação de um modo subjetivo de situar-se.

Tais posicionamentos – aprendente e ensinante – podem ser simultâneos e estão presentes em todos os vínculos: pais-filhos; amigo-amigo; aluno-professor.

O aprendente se situa na intersecção da informação, conhecer e saber, mas particularmente entre conhecer e saber. O aprender se dá a partir do saber, da apropriação de uma informação fornecida, da construção do conhecimento, processo no qual intervém inteligência e desejo.

Pain (1985) salienta que, em todo processo de aprendizagem, existem quatro estruturas básicas: organismo, corpo, estrutura cognitiva e inteligência. Para ela, o organismo é similar a um aparelho de recepção programada, que possui células nervosas que registram associações de fluxos elétricos, capazes de reproduzi-los, se necessário. O organismo bem estruturado constitui uma base essencial para a aprendizagem, e seus distúrbios dificultam este último processo. Possui uma operação codificada, enquanto o corpo aprende seu funcionamento.

O corpo é uma entidade que poderia ter uma identidade e simbologia. Ele nos é dado, mas temos que construí-lo simbolicamente. Devemos habitá-lo, fazê-lo nosso. Tem-se um corpo, não se é um corpo. Ele é um mediador e sintetizador de comportamentos eficazes. Acumula experiências e adquire competências. Por exemplo, a respiração é um comportamento orgânico: é uma coordenação que tem de ser aprendida.

Tanto o organismo quanto o corpo são considerados estruturas pertencentes a um indivíduo. Nessas estruturas está inclusa, também, outra estrutura mais ampla, que é a família, e nesta, por sua vez, uma estrutura ainda maior, que é o sistema sócioeconômico educacional. Esse esclarecimento é essencial para discutir a relação entre inteligência e desejo.

O sujeito vem ao mundo como parte de uma estrutura familiar e com um lugar designado. A interação ocorre, inicialmente, por meio do vínculo com a mãe. Mas essa aprendizagem é uma relação vincular. A ligação com a função materna de satisfação faz a criança se estruturar frente ao mundo e, portanto, frente à aprendizagem.

Quando falamos em inteligência, estamos nos referimos a uma estrutura lógica, embora a dimensão desejante seja simbólica, significativa e alógica. O pensamento é um só: é uma trama de onde a inteligência é a linha horizontal – e o desejo, a linha vertical. A inteligência tende a ser objetiva, que classifica e ordena. O desejo é subjetivo: tende à individualização, à diferenciação, ao surgimento da originalidade de cada ser humano e é único em relação ao outro. A linguagem, os gestos e as emoções funcionam como sinais pelos quais os sujeitos podem dizer como se sentem em seu mundo interior. O contato e a exploração da realidade necessitam do desejo de um saber articulado com a pulsão de investigar.

Organismo, corpo, estrutura cognitiva e inteligência fazem parte de um todo e, portanto, um pode afetar o outro. A partir deles haverá a possibilidade de entendermos a modalidade de aprendizagem e o que está inserido nela. Nesse sentido, o psicopedagogo, para dar conta do seu objeto, que é o sujeito em situação de aprendizagem (o aprendente), requer uma teoria psicopedagógica que evidencie a inter-relação e/ou articulação entre essas estruturas.

A aprendizagem de um indivíduo se realiza em função do organismo, do corpo, do desejo, da inteligência e da relação com outro indivíduo, ou seja, só é possível dentro de uma relação. O processo de aprender cumpre a função de possibilitar a adaptação criativa do indivíduo e sua humanização, com o desenvolvimento simultâneo enquanto sujeito subjetivo, epistêmico e social.

As teorias psicopedagógicas entendem o aprendente como sujeito de conhecimento, sujeito de desejo e sujeito social. Sujeito como protagonista de sua história, com uma estrutura biológica, linguística e psíquica individual. Um indivíduo transformador da realidade circundante e de si mesmo, o que implica uma maior efetividade da função reguladora da personalidade como um sistema integrado dinâmico.

A psicopedagogia vê o sujeito aprendente tanto como um indivíduo humano – que vive em um contexto sócio-histórico determinado e que, pertencendo a uma realidade complexa e integrada, demanda múltiplos olhares – quanto como um objeto construído. O psicopedagogo escuta, olha, captura as suas representações, percepções, desejos e sentimentos sobre o que acontece com suas práticas e, a partir daí, continua a sua intervenção. Consideramos importante abrir um parêntese aqui para explicar o que é uma intervenção.

ATENÇÃO! A ação de intervenção psicopedagógica está relacionada, sobretudo, com o planejamento dos processos educacionais, com o objetivo de contribuir para a melhoria do ato educativo. Ela representa um conjunto de práticas institucionalizadas aplicadas no campo da aprendizagem, seja como prevenção e tratamento de transtornos, seja como uma modificação do processo de aprendizagem escolar. A intervenção psicopedagógica procura compreender os processos de ensino e de aprendizagem em contextos escolares e extraescolares, promovendo sua melhoria e permitindo ao aluno enfrentar situações de aprendizagem de um modo mais eficaz.

A intervenção se dirige à relação sistêmica aprendente-entorno. É um processo de ajuda contínua a todos os aprendentes em suas diferentes dimensões: pessoal, social, acadêmica e intelectual. A prática da intervenção psicopedagógica está circunscrita no âmbito escolar para atender a:

a) problemas institucionais;

b) problemas de professores;

c) problemas de alunos;

d) problemas de ensino;

e) problemas de aprendizagem.

PARA SABER MAIS! As intervenções pedagógicas podem ser aplicadas nas mais variadas dimensões da prática educativa. Para exercitar essa tarefa, que tal fazer uma lista de intervenções que você já efetuou? Reflita sobre as relações entre elas e o conhecimento psicopedagógico e registre seus apontamentos em um caderno, no bloco de notas do seu celular ou do tablet. Esse exercício tem critério mnemônico e didático e poderá auxiliar em momento futuro.

Retomando, a intervenção em psicopedagogia é a fase final do processo psicopedagógico (a etapa inicial é a avaliação, quando se caracteriza o problema de aprendizagem, o lugar onde ele ocorre, os sujeitos direta e indiretamente envolvidos etc.), mas não apresenta um fim em si mesma, e sim, um recomeço. Isso porque seus resultados podem levar o psicopedagogo e a escola a refletir sobre o fazer psicopedagógico e a tomar algumas medidas. Ela é um conjunto de medidas que suscita novas práticas tanto de prevenção e correção quanto de enriquecimento da aprendizagem. Quando um profissional de educação atua, de modo pedagógico, em favor do aluno, ele está realizando uma intervenção. Assim, qualquer ação desempenhada por um educador é de natureza interventiva.

A intervenção psicopedagógica ocorre de duas formas: direta, quando as ações são realizadas por um especialista (o psicopedagogo) de forma imediata com o aluno; e indireta, por meio da orientação-controle dos diferentes atores educativos (escola-família e casos extraescolares), em função da satisfação das necessidades especiais da escola.

No caso da intervenção direta, o psicopedagogo atua nas esferas cognitiva (atenção, memória, imaginação, pensamento, linguagem), emotiva (interesse, motivação, autoestima, sentimentos, autodeterminação), acadêmica (por meio de recursos para ajudar o aprendente a enfrentar a aprendizagem dos conteúdos curriculares) e social (como o aprendente se comporta em diferentes contextos e nos variados grupos).

Os princípios inerentes a qualquer processo de intervenção psicopedagógica e desenvolvimento da prática escolar devem contribuir para o desenvolvimento integral e contínuo dos aprendentes, permitindo que eles, a todo momento, alcancem os objetivos estabelecidos, em diferentes etapas educativas. Destacam-se como princípios da intervenção psicopedagógica: prevenção, desenvolvimento e intervenção integral ou social.

O princípio da prevenção consiste em tomar medidas necessárias para evitar que algo aconteça, promovendo resultados desejáveis. Ele atua contra as circunstâncias negativas antes que elas tenham a chance de produzir seus efeitos. No campo educativo, a prevenção antecipa a aparição de situações que podem ser um obstáculo ao desenvolvimento de uma personalidade sã e integrada.

Nesse sentido, a prevenção deve contemplar as seguintes dimensões da intervenção: focar a correção-compensação nos aprendentes portadores de necessidades educacionais especiais; identificar os fatores de risco que podem afetar o desenvolvimento dos aprendentes no ambiente escolar; promover ações preventivas no ambiente escolar atendendo a diferentes situações contextuais (escola, família, comunidade). Já o princípio do desenvolvimento tem como base a ideia de que ao longo da vida o sujeito passa por uma série de estágios cada vez mais complexos que fundamentam suas atuações e dão sentido a elas, permitindo interpretar e integrar experiências e conhecimentos novos e cada vez mais amplos.

Isso implica promover situações de aprendizagem que favoreçam o desenvolvimento de habilidades, capacidades e potencialidades em que se considere o cognitivo, o emocional e o evolutivo, assim como as interações que sustentam os diferentes contextos, observando o aprendente como um sujeito em crescimento constante, que deve ser percebido integralmente.

O princípio da intervenção integral ou social trata de ajudar o aprendente a se conscientizar sobre os obstáculos oferecidos em seu contexto e que dificultam alcançar os objetivos pessoais; isto é, trata-se de um princípio que leva em consideração não apenas o contexto, mas também à possibilidade de o aprendente intervir nesse contexto.

Esses princípios dão sustento à intervenção psicopedagógica, contribuindo para dar soluções a determinados problemas, prevenindo o aparecimento de outros, e colaborando com as instituições para que o processo de ensino e aprendizagem seja cada vez mais direcionado às necessidades dos alunos e da sociedade como um todo.

PARA SABER MAIS! Para aprofundar seus conhecimentos, leia o artigo "Uma ação interventiva na instituição: saúde e psicopedagogia de mãos dadas na escola", de Adriana Ramos, Eduardo Alcober e Jaqueline Quinta. Disponível em: <http://pepsic.bvsalud.org/scielo.php?pid=S1415-69542005000100010&script=sci_arttext>. Acesso em: 20 jan. 2015.

Abrir um parêntese sobre a intervenção psicopedagógica se fez necessário para mostrar que o sujeito aprendente, nesse processo, é visto em uma perspectiva multidimensional, constituído de natureza biológica e social, determinado pelas dimensões sócio-históricas em que vive.

Assim, é possível representar o sujeito da aprendizagem como agente que vive e faz a sua história em um espaço social, em campos distintos que constroem o mundo, os objetos. As estruturas objetivas do campo onde o indivíduo vive atuam de maneira coercitiva sobre a sua totalidade (aspectos cognitivos, emocionais, corporais, biológicos etc.). Isso possibilita compreender as particularidades do sujeito aprendente envolto em estruturas cognitivas, afetivas e biológicas desenvolvidas em um contexto social amplo, que atua como "tela de fundo" e não apenas como um aspecto constitutivo deste.

Podemos dizer que existem dois momentos no trabalho do psicopedagogo: momento objetivista e momento subjetivista. A construção teórica (momento objetivista) permite compreender a inteligibilidade de um sujeito como um "emaranhado" (não um somatório, mas um emaranhado, reconhecendo seu caráter relacional) de aspectos cognoscentes, sociais, subjetivos, corporais.

O psicopedagogo, ao indagar o seu objeto – o sujeito aprendente –, o faz a partir de sua própria história como sujeito da aprendizagem, onde sua personalidade intervém em suas práticas. O objeto de estudo é um "objeto subjetivo", tratado por um "sujeito subjetivo". O psicopedagogo dá abertura para escutar as mensagens do sujeito, em um processo em que o investigador e o objeto-sujeito se influenciam reciprocamente.

Nesse sentido, os principais instrumentos com os quais o psicopedagogo trabalha são a escuta, a visão e a observação. Ele tem de ouvir e traduzir, buscando o trato dos dados por meio da escuta e da análise. O objetivo da escuta psicopedagógica não é fazer com que o aprendente confesse o que é tido como importante, mas fazê-lo falar o que realmente carece de importância. Aqui nos referimos a um tipo de olhar e de escuta particulares ante o objeto de estudo: os do sujeito que aprende, independentemente da sua idade, inserção institucional, condição cultural, social e familiar; enfim, qualquer âmbito em que, como profissional, o psicopedagogo se encontre com esse sujeito.

Abaixo, são destacados alguns pontos levantados por Fernández (1991) para o psicopedagogo conseguir uma escuta psicopedagógica:

- escutar-olhar: no primeiro momento da intervenção, o psicopedagogo somente deve escutar e olhar o outro;
- prender-se às fraturas do discurso: ficar atento à linguagem verbal, corporal e à postura do aprendente; e
- buscar a repetição dos esquemas de ação-significação: pesquisar em quais outras situações, contextos e conteúdos os esquemas se repetem.

Dessa forma, o primeiro momento da relação com o aprendente envolve escutar--mirar e nada mais: ouvir, receber, aceitar, abrir-se, permitir-se, olhar, seguir, buscar, incluir-se, interessar-se e acompanhar. Ao escutar e olhar, o psicopedagogo vai permitir ao aluno falar e ser reconhecido, compreendendo, assim, a mensagem do aprendiz.

Em um segundo momento, o psicopedagogo deverá deter-se ao discurso tanto verbal quanto corporal, a fim de observar as dificuldades que podem se apresentar na expressão, como frases incompletas, incoerências, repetições que subjazem no inconsciente. É muito importante prender-se à linguagem tanto do aprendente quanto da sua família.

Como terceiro momento, o psicopedagogo tem de descobrir os esquemas de ação do aprendente. Para Piaget (2005), esquemas são ações efetivas ou mentais que apresentam uma série de regularidades e que conservam uma organização interna cada vez que aparecem.

O desenvolvimento cognitivo se dá a partir das potencialidades do bebê de atuar sobre o meio. O bebê tem um conjunto de habilidades perceptivas (orientação visual e auditiva) e motoras (reflexos).

Muitos reflexos do bebê desaparecem, mas outros adquirem um significado cognitivo importante (reflexo de sucção, por exemplo). Piaget (2005) confere a esses reflexos o caráter de "esquemas", denominando-os "esquemas reflexos", já que eles possuem uma organização interna e uma regularidade. Os esquemas que não desaparecem, mas que evoluem por um exercício constante, cedem lugar a "esquemas de ação".

Por meio dos mecanismos de **assimilação** e **acomodação**, os "esquemas reflexos" vão se diferenciando, de modo que deixam de ser condutas automáticas ou involuntárias produzidas ante certos estímulos, passando a se acomodar em uma variedade de situações e objetos. Os esquemas de ação (chupar e pegar) se coordenam dando lugar, posteriormente, a formas mais complexas de interação com o meio (por exemplo, pegar objetos e levá-los à boca, agitá-los ou esfregá-los). Conhecer um objeto implica incorporá-lo a esquemas de ação já existentes. Em outras palavras, implica a incorporação de algo novo às estruturas prévias.

Assim, nesse terceiro momento, é importante o psicopedagogo observar se os esquemas de ação se repetem em outras situações. Em caso afirmativo, ele deverá analisar profundamente a relação entre a produção (discurso lúdico, verbal ou corporal) do aprendente e a da família.

O psicopedagogo, desde o modelo clínico-relacional, vê o aprendente como um ser psicológico que se submete às instâncias inconscientes que o ligam a outro sujeito, com quem mantém um vínculo amoroso e cultural, sujeito sem o qual não poderia desenvolver suas estruturas corporais, orgânicas, psíquicas afetivas e cognitivas.

A partir da prática psicopedagógica se promove a aprendizagem, sem negar os determinantes socioculturais, o desenvolvimento do sujeito (autor do pensamento e da ação), permitindo adaptações criativas.

Segundo Fernández (1991), em uma escuta-olhar psicopedagógica, o psicopedagogo deverá se posicionar em um lugar analítico e assumir uma postura clínica, a qual incorporará conhecimentos, teorias e saber acerca do aprender.

O psicopedagogo é alguém que, com a sua escuta, dá valor e sentido às palavras do aprendente, permitindo a este começar a entender-se. É fundamental que esse profissional encontre em cada história o original, o particular, e que se posicione em um lugar analítico, introduzindo em seu trabalho uma atitude clínica: conhecer como se aprende, como se comporta o organismo, o corpo, e como se manifestam a inteligência e o desejo. Ele precisa embasar-se em uma teoria psicopedagógica, ou seja, em uma matriz teórica interpretativa que abarque conhecimentos anteriores e que surge da prática com o problema de aprendizagem; saber acerca do aprender e não aprender.

O saber psicopedagógico é obtido a partir da experiência e do tratamento psicopedagógico didático. Sendo um mero juiz ou mero espectador, é muito difícil entrar em contato com o saber. É importante que o psicopedagogo se submeta a uma autoanálise sobre o seu próprio aprender. Somente com a possibilidade de apropriar-se do conhecimento é que se construirá esse saber.

Glossário – Unidade 3

ABPp - Associação Brasileira de Psicopedagogia.

Acomodação – implica uma modificação da atual organização em resposta às demandas do meio.

Assimilação – consiste na internalização de um objeto ou evento em uma estrutura comportamental e cognitiva pré-definida.

Biopsicosocial – estudo dos pensamentos da sociedade.

Bullying – comportamento que se caracteriza basicamente por maltratar, humilhar e agredir física ou verbalmente um ou mais colegas.

Dialética – palavra que vem do grego *dialegomai* e que significa diálogo, conversação, polêmica.

Pedagogia empresarial – tipo de pedagogia aplicada às relações existentes em uma empresa e que tem como objetivo formar pessoas para o âmbito empresarial, integrando orientação técnica e ética para contribuir, por meio da reflexão e da prática educativa, com as finalidades da empresa.

Sujeito cognoscente – é aquele que mantém uma atitude de busca e questionamento ativo e que entra em contato com o objeto do conhecimento, inicialmente, por meio de suas percepções – as quais são processadas em seu sistema cognitivo –, formando conceitos abstratos da realidade para que, finalmente, conclua o processo conforme suas próprias ideias, em torno de uma realidade objetiva.

Intervenção (pedagógica) – ação que está relacionada, sobretudo, ao planejamento dos processos educacionais, com o objetivo de contribuir para a melhoria do ato educativo. Representa um conjunto de práticas institucionalizadas aplicadas no campo da aprendizagem, seja como prevenção e tratamento de transtornos, seja como uma modificação do processo de aprendizagem escolar.

Subjetivo – opinião que não pode ser aplicada universalmente, já que depende de uma avaliação e se baseia em um ponto de vista pessoal.

UNIDADE 04
A FAMÍLIA E OS DISTÚRBIOS DA APRENDIZAGEM

Capítulo 1 Distúrbio de aprendizagem, 70

Capítulo 2 Sinais de um distúrbio de aprendizagem, 72

Capítulo 3 Tipos de distúrbios de aprendizagem, 76

Capítulo 4 A psicopedagogia e os distúrbios de aprendizagem, 78

Capítulo 5 As doenças, 81

Capítulo 6 O desenvolvimento, 81

Capítulo 7 A aprendizagem, 81

Capítulo 8 Como a escola e a família devem agir diante dos distúrbios de aprendizagem, 82

Glossário, 86

Referências, 87

1. Distúrbio de aprendizagem

Muitas crianças com **distúrbios de aprendizagem** têm uma disfunção no sistema nervoso central relacionada a uma falha no processo de aquisição ou de desenvolvimento (CIASCA, 2004). Conforme elas crescem, as atividades escolares vão se tornando mais avançadas e os problemas de aprendizagem podem dificultar o alcance de êxito na escola.

Antes de aprofundar esse assunto, leia o caso a seguir para entender o que é um distúrbio de aprendizagem.

> Quando Juliana estava no 1º ano do Ensino Fundamental, a professora começou a ensiná-la a ler. Os pais de Juliana ficaram surpresos quando ela apresentou dificuldade no referido aprendizado. Como Juliana era ávida e comprometida, eles pensaram que ela aprenderia a ler facilmente. Mas não foi assim. Juliana não conseguia juntar as letras com os sons ou combiná-las para formar palavras.
>
> Os problemas da menina continuaram no 2º ano do Ensino Fundamental. Além de ainda não ler, também apresentava dificuldades ao escrever. A escola pediu permissão aos pais de Juliana para levá-la a uma avaliação psicopedagógica a fim de averiguar as causas de seus problemas. Os pais deram consentimento para a avaliação.
>
> A escola realizou a avaliação e detectou que Juliana tinha um distúrbio de aprendizagem. Imediatamente, ela começou a receber ajuda especial na escola. Passou a ser acompanhada todos os dias por um especialista em leitura e por um professor na sala de recursos.

Algumas pessoas, apesar de terem uma inteligência média ou acima da média, apresentam dificuldades reais na aquisição de habilidades acadêmicas básicas. Dentre os problemas a serem superados, estão aqueles relacionados à audição, à fala, à leitura, à escrita, ao raciocínio ou às habilidades matemáticas, causados por uma disfunção do sistema nervoso central.

Um indivíduo com distúrbio de aprendizagem pode ter um tipo de problema diferente do de outro. No exemplo anterior, Juliana tinha problemas com a leitura e a ortografia. Outra pessoa poderia ter problemas com a compreensão matemática ou, ainda, ter problemas em cada uma dessas áreas.

Mas será que a presença de uma dificuldade implica, necessariamente, um distúrbio de aprendizagem?

O termo "distúrbio de aprendizagem" tem sido utilizado por alguns estudiosos como sinônimo de dificuldade escolar, de **dificuldade de aprendizagem** etc.

As tentativas de definir distúrbios de aprendizagem são várias e mostram aproximações e divergências em função da descoberta de novas áreas (pedagogia, neurologia, psicologia), que propiciam uma reformulação constante de conceitos.

Já vimos em aulas anteriores que a aprendizagem é um processo permanente de construção e ressignificação de conhecimentos, habilidades, valores etc., em um tempo e em um espaço, e dado por uma relação entre sujeito e meio. O distúrbio de aprendizagem seria uma perturbação no ato de aprender.

Ele está relacionado a problemas específicos e pontuais, resultantes de disfunções neurológicas quanto à forma como recebe, processa, armazena e responde a uma informação. Em outras palavras, o distúrbio é tido como uma disfunção do sistema nervoso central devido a uma falha no processo de aquisição ou de desenvolvimento.

Algumas realidades dos distúrbios de aprendizagem:

a) as crianças com distúrbios de aprendizagem não são estúpidas. Ao contrário: são muito talentosas;

b) as crianças com distúrbios de aprendizagem podem chegar à universidade;

c) as crianças com distúrbios de aprendizagem não estão "condenadas" a ter baixos salários e empregos sem possibilidade de progredir. Muitas conseguem bons trabalhos e desenvolvem carreiras interessantes e exitosas;

d) algumas crianças têm distúrbios de aprendizagem muito leves; outras, mais profundos. Entre os distúrbios de aprendizagem existe uma gradação desde o mais forte até o mais leve, como um espectro contínuo. Ou seja, cada criança com distúrbios de aprendizagem tem habilidades e dificuldades únicas.

Diferentemente da dificuldade de aprendizagem, que está relacionada a problemas de ordem pedagógica e/ou sociocultural, os distúrbios de aprendizagem têm origens em perturbações biológicas, neurológicas, intelectuais, psicológicas, socioeconômicas ou educacionais (DROUET, 1995). Qualquer uma dessas perturbações pode se tornar um problema para a aprendizagem das crianças.

> *ATENÇÃO! A dificuldade de aprendizagem não é intrínseca apenas ao indivíduo. Ela está relacionada a problemas de ordem pedagógica e/ou sociocultural. As crianças com dificuldade de aprendizagem têm problemas em alguma área da aprendizagem escolar, que não são resultados de uma visão ou audição deficiente, ou de uma paralisia cerebral. Pode ser algum problema passageiro. Por exemplo, determinado conteúdo nem sempre oferece à criança condições adequadas ao seu sucesso. Quadros de desmotivação e desinteresse podem ser caracterizados como de dificuldades de aprendizagem. Por outro lado, quadros envolvendo problemas de leitura, escrita, matemática e de atenção podem ser identificados como distúrbios.*

Drouet (1995) agrupou as causas dos distúrbios de aprendizagem da seguinte forma:

- causas físicas: perturbações somáticas transitórias ou permanentes;
- causas sensoriais: distúrbios que atingem os órgãos sensoriais e a percepção;
- causas neurológicas: perturbações no equipamento cerebral e sistema nervoso;
- causas emocionais: distúrbios psicológicos e de personalidade;
- causas intelectuais ou cognitivas: perturbações na inteligência do sujeito;
- causas educacionais: associadas ao contexto da escola; e
- causas socioeconômicas: vinculadas ao *status* do sujeito, seus recursos e limites.

Conforme observado, a origem dos distúrbios de aprendizagem é complexa. Ela envolve vários aspectos da vida inter e intrapsíquica, orgânica e social do indivíduo. Já as dificuldades de aprendizagem podem estar vinculadas a fatores internos que se somam a fatores ambientais: sociais, emocionais, familiares, relacionais (professor-aluno), metodologias inadequadas etc. (CIASCA, 2004).

2. Sinais de um distúrbio de aprendizagem

Não há um sinal único que indique que uma criança tem um distúrbio de aprendizagem. No passado, estudiosos buscaram uma diferença notável entre o progresso escolar de uma criança e o nível de progresso que ela poderia alcançar, dada sua inteligência e habilidade. Também havia certas indicações que podiam detectar se uma criança tinha ou não um distúrbio de aprendizagem.

ATENÇÃO! Quando uma criança tem distúrbios de aprendizagem, ela pode: 1) ter problemas em aprender o alfabeto, fazer rimas com palavras ou conectar letras com sons; 2) cometer erros ao ler em voz alta; 3) não compreender o que lê; 4) ter dificuldades em soletrar palavras; 5) ter uma letra desordenada ou pegar um lápis de modo desajeitado; 6) aprender a linguagem de forma atrasada e ter um vocabulário limitado; 7) ter dificuldades em recordar os sons e as letras ou as pequenas diferenças entre as palavras; 8) ter dificuldades em compreender piadas, histórias cômicas e sarcásticas; 9) ter dificuldade em seguir instruções; 10) pronunciar mal as palavras ou usar uma palavra incorreta que soe similar; 11) ter problemas em organizar o que deseja dizer ou não conseguir pensar na palavra que necessita para escrever ou conversar; 12) não seguir regras sociais da conversação, como fazer pausas, e pode chegar muito perto da pessoa que escuta; 13) confundir os símbolos matemáticos e ler mal os números; 14) não repetir um conto em ordem (o que ocorreu primeiro; o que ocorreu depois etc.); 15) não saber onde começar ou dar sequência a uma tarefa.

Quando as descrições seguintes estão presentes, é bem provável que a criança tenha algum distúrbio de aprendizagem. Vale ressaltar que cada criança pode ter características de mais de um tipo e também pode apresentar características diferentes.

Distúrbio na aprendizagem acadêmica

As crianças com distúrbios de aprendizagem na área acadêmica apresentam problemas na aprendizagem de uma ou mais disciplinas, mas, normalmente, têm um bom desempenho em áreas como arte, música, atletismo etc.

Frequentemente, elas têm dificuldades em algum aspecto da leitura. A dificuldade para ler é detectada rapidamente por pais e professores porque a leitura é fundamental na escola e é uma das primeiras coisas que se ensinam às crianças.

Também pode ocorrer de algumas crianças com distúrbios de aprendizagem na área acadêmica serem boas leitoras, e que o distúrbio recaia em outras matérias escolares, como a aritmética. Igualmente, podem enfrentar algum problema para compreender um aspecto de leitura, como a pronúncia, ou apresentar alguma dificuldade para compreender o sentido do que leram.

Algumas crianças com distúrbios de aprendizagem na área acadêmica só têm dificuldades na escola. Geralmente, quando se tornam adultas, encontram um campo em que desempenham atividades com êxito. É possível acontecer de algum jovem apresentar, em sua trajetória, distúrbios de aprendizagem na área acadêmica, que afete a sua leitura, por exemplo, porém, vir a se tornar um ótimo artista.

Distúrbio na aprendizagem da linguagem

As crianças com distúrbio na aprendizagem da linguagem podem ter problemas para compreender o que as demais dizem (linguagem receptiva) ou apresentar dificuldades para expressar o que querem comunicar (linguagem expressiva).

Isso afeta sua capacidade de aprender na escola, uma vez que têm problemas para compreender instruções ou para se fazer entender pelos demais, incluindo os próprios professores. Também pode haver consequências sociais, já que a linguagem é fundamental para a interação.

> Um psicopedagogo, certa vez, pediu para examinar uma criança de 6 anos, de nome Marcelo. A criança parecia não compreender as instruções durante a aula e falava raramente. Sua professora suspeitava que ele tivesse um retardo mental. O psicopedagogo descobriu que Marcelo tinha sérios distúrbios na aprendizagem da linguagem, mas nos testes de problemas não verbais – como juntar blocos para formar desenhos abstratos – Marcelo obteve uma qualificação ótima. Seus professores, após os testes, compreenderam que não era retardo mental e o encorajaram a usar seus talentos. Assim, ele alcançava sempre um excelente desempenho em geometria, arquitetura e desenho técnico.

Transtorno de atenção

Atualmente, existe uma grande quantidade de informação disponível acerca dos transtornos de atenção. Na realidade, esse termo se aplica a dois tipos de problemas: Transtorno de Déficit de Atenção e Hiperatividade (TDAH) e Transtorno de Déficit de Atenção sem Hiperatividade (TDA).

As crianças com TDA podem ter dificuldades para ficar sentadas, concentrar-se nos trabalhos escolares, prestar atenção às aulas, e frequentemente são impulsivos, dizem e fazem coisas sem pensar nas consequências. A diferença entre TDA e TDAH é que as crianças com TDAH são extremamente ativas e sempre dão a impressão de estarem inquietas.

Nem todas as crianças com transtornos de atenção apresentam distúrbios de aprendizagem. Algumas são capazes de aprender matérias acadêmicas em um mesmo nível ou melhor que as demais. Contudo, muitas crianças com transtornos de atenção têm distúrbios de aprendizagem. Sua dificuldade para concentrar-se e sua facilidade para distrair-se tem como consequência um desempenho acadêmico pobre.

Para compreender o que é um déficit de atenção, imagine-se lendo um livro em algum lugar de sua casa. Enquanto isso, um cachorro ao lado da sua residência está latindo alto. Você é capaz de ignorar os latidos e continuar sua leitura? Uma criança com déficit de atenção não consegue ignorar um estímulo visual ou auditivo. Em consequência, ela encontra muita dificuldade em realizar tarefas que demandem muita atenção.

Distúrbio perceptual motriz

As crianças com o distúrbio perceptual **motriz** têm problemas para usar lápis e caneta, e para copiar matéria de um quadro de giz ou de um livro. Sua letra pode ser desordenada e ilegível. Frequentemente, essas crianças não têm um bom desempenho em jogos e esportes que exijam coordenação e bons reflexos.

Distúrbio perceptual social

Encolher os ombros e cruzar os braços, por exemplo, são as formas não verbais que usamos para comunicar desagrado, ou para indicar que não temos desejo de estar com determinada pessoa. Porém, sorrir e olhar alguém de frente significa interesse em interagir com o outro. Algumas crianças têm dificuldades para interpretar os signos não verbais que as demais usam para mostrar o que sentem ou pensam. Esse tipo de distúrbio faz que as crianças enfrentem problemas no âmbito social.

Se uma criança tem problemas inesperados ao aprender a ler, escrever, escutar, falar ou estudar matemática, os professores e os pais podem investigar. O mesmo pode ser adotado se a criança está tendo dificuldade em qualquer uma dessas habilidades. É possível que ela tenha de ser avaliada para que seja verificado se tem algum distúrbio específico de aprendizagem.

> *ATENÇÃO! O diagnóstico dos distúrbios de aprendizagem é bem complexo e deve ser feito por uma equipe multidisciplinar. Geralmente, a criança é encaminhada a um psicopedagogo, que é o profissional que estuda os problemas no processo de aprendizagem. Após uma avaliação inicial, esse profissional faz os encaminhamentos necessários para outros profissionais, como o neurologista, o fonoaudiólogo, o psicólogo.*

3. Tipos de distúrbios de aprendizagem

Os distúrbios podem ser classificados como distúrbios de entrada e distúrbios de saída.

Distúrbios de entrada

Implicam dificuldades na entrada de informações. Incluem problemas com a percepção visual ou auditiva. São distúrbios de entrada:

a) **distúrbios de integração**: fase em que a entrada (a informação) é percebida, interpretada, classificada, colocada em uma sequência, ou relacionada com a aprendizagem anterior. Crianças com problemas nessas áreas podem não ser capazes de contar uma história na sequência correta; ser incapazes de memorizar sequências de informações (como os dias da semana); não ser incapazes de entender um conceito novo. Um vocabulário pobre pode contribuir para problemas de compreensão;

b) **distúrbios de memória**: quando a criança recebe informações, essas informações são registradas e compreendidas. Porém, é fundamental, também, que elas sejam armazenadas para serem usadas em outras situações. Problemas de memória podem ocorrer com a **memória de curto prazo**, ou memória de trabalho, ou com a **memória de longo prazo**. A maioria dos problemas de memória é produzida na área da memória de curto prazo, o que pode tornar difícil a apreensão de um novo material, que deverá ser repetido mais do que o habitual para ser compreendido;

c) **distúrbios de percepção visual**: quando a criança tem dificuldade em definir a posição e/ou forma do que lê; quando a entrada de informações é recebida com letras ao contrário; quando confunde letras parecidas, como o "b" e o "d"; quando pula de linha na hora da leitura; quando possui dificuldades com noções de espaço e direção;

d) **distúrbios da percepção auditiva**: quando a criança possui dificuldades em diferenciar sons, entendendo a mensagem de modo incorreto – por exemplo, confundir bala com bola; quando possui dificuldade com relação a figura e ao fundo.

Distúrbios de saída

Acarretam dificuldades na saída de informações recebidas pelo cérebro. Têm a ver com a linguagem espontânea ou exigida, a atividade motora dos músculos grossos ou finos e a coordenação. São distúrbios de saída:

a) **distúrbios de atividades motoras**: podem causar problemas com as habilidades motoras brutas e finas. As pessoas com dificuldades motoras grossas podem ser desajeitadas, ou seja, elas podem ser propensas a tropeçar, cair ou bater em coisas. Elas também podem ter distúrbios para correr, subir ou aprender a andar de bicicleta. As pessoas com dificuldades motoras finas podem ter problemas para abotoar camisas, amarrar cadarços ou escrever; e

b) **distúrbios de linguagem**: podem criar problemas com a linguagem falada. Por exemplo, ao responder a uma pergunta sobre determinada demanda, recuperamos as informações de armazenamento, organizamos nossos pensamentos e os transformamos em palavras antes de falar. Esses distúrbios também podem causar problemas com a língua escrita, pelas mesmas razões.

Alguns exemplos de distúrbios de linguagem:

- **dislexia**: síndrome que afeta a identificação e memorização de letras e grupos de letras. Estas são colocadas fora de ordem e ritmo, afetando tanto a leitura quanto a escrita. Existem fatores hereditários que favorecem o aparecimento da dislexia, mas ela pode ter diversas origens: causas genéticas, problemas no parto, lesões cerebrais, problemas emocionais, déficits espaço-temporais e problemas de adaptação na escola. A dislexia pode ser diagnosticada desde a época pré-escolar e deve ser tratada logo que é percebida, pois, quanto mais tarde, mais complexa ela se torna;

- **disgrafia**: também conhecida como "letra feia", é um transtorno específico de aprendizagem que afeta a forma ou o significado. A criança não consegue coordenar as informações visuais com a atividade motora de escrever, não sendo capaz, por exemplo, de copiar o conteúdo posto no quadro de giz; e

- **disortografia**: dificuldade específica com a aprendizagem das formas ortográficas. Manifesta-se pela troca de grafemas, pela aglutinação ou separação indevida de palavras, pela dificuldade em perceber os sinais gráficos e de fazer uso da coordenação e da subordinação.

> *PARA SABER MAIS! Deseja aprofundar seus conhecimentos? Leia o texto "Os distúrbios de aprendizagem e os distúrbios específicos de leitura e da escrita", de Jaime Luiz Zorzi. Disponível em: <http://www.cefac.br/library/artigos/2405420cdd61d3c9ba0387897e1316ed.pdf>. Acesso em: 20 fev. 2014.*

4. A psicopedagogia e os distúrbios de aprendizagem

Tanto Pain (1985) quanto Fernández (1991) ressaltam a importância de realizar uma entrevista com a família da criança. Os objetivos dessa entrevista são: obter informações sobre como colaborar com o professor e explicar a situação do filho; obter informações sobre a situação familiar, como se convive com a problemática, as estratégias de intervenção utilizadas; explicar o que a escola tem feito diante da problemática; e, finalmente, solicitar colaboração.

Na entrevista, Pain (1985) entende que deverão ser indagados os seguintes aspectos: o significado do sintoma na família, o significado do sintoma para a família e as expectativas que a família tem em relação à intervenção psicopedagógica.

O significado do sintoma na família

Trata-se de detectar se o "problema" apresentado pela criança é um problema do grupo a qual pertence. Deve-se, portanto, levar em conta a versão familiar acerca da "problemática" da criança.

Interessa entender os significantes de linguagem que a família utiliza que podem expressar um conteúdo importante. Por exemplo, Pain (1985) menciona que na frase "meu filho não aprende, mas ele é muito esperto", podemos observar que a mãe discrimina a sua relação com a criança e a entende como um sujeito independente.

Outros casos são aqueles em que se mantém de modo secreto. Pain (1985) cita como exemplo as crianças adotadas, as que nasceram fora do vínculo matrimonial ou após uma tentativa de aborto. São situações que, às vezes, são acobertadas e que podem ser a causa do não aprender.

O significado do sintoma para a família

Refere-se à imagem que os pais têm das causas e dos motivos que levaram ao problema e os mecanismos postos a serviço da defesa contra a exclusão social que tal problema provoca (PAIN, 1985).

O psicopedagogo deverá se atentar ao que a família pensa sobre as causas dos distúrbios de aprendizagem e quais são as suas consequências. Isso dependerá do lugar que a aprendizagem ocupa no grupo familiar, e não apenas na classe social a que o sujeito pertence.

Os pais podem atribuir os distúrbios às "dificuldades" exclusivas da criança, à instituição educativa ou até mesmo se responsabilizarem e se sentirem culpados pelos distúrbios da criança.

As expectativas que a família tem em relação à intervenção psicopedagógica

Há casos em que a família espera que o psicopedagogo diga o que se passa com a criança. No diagnóstico, os pais esperam saber se as crianças não podem ou não querem aprender; a causa dos distúrbios; como podem proceder; se é necessário mudar de escola; se tem cura etc.

Nesse sentido, Pain (1985) sugere uma segunda entrevista com a família para indagar sobre a história de vida da criança. Essa história é muito importante para o diagnóstico dos distúrbios, uma vez que proverá uma série de dados relativamente objetivos vinculados às condições atuais do problema e, ao mesmo tempo permitirá detectar o grau de individualização que a criança tem com os pais.

Para iniciar a história de vida, o psicopedagogo deverá começar a indagar sobre os antecedentes natais, ou seja, sobre os aspectos relacionados às condições da criança e da sua mãe desde a gestação até o nascimento. Os antecedentes natais se subdividem em: **pré-natais**, **perinatais** e **pós-natais**.

Causas pré-natais

Tem a ver com as condições de gestação e as expectativas familiares quanto à chegada da criança. Certamente, durante a gravidez podem ocorrer vários fatos que afetam o sistema nervoso central do feto. As enfermidades que a mãe contrai, as intoxicações, a higiene e a nutrição durante a gravidez têm consequências sobre o desenvolvimento do nascituro. Recentemente, a grande preocupação tem sido quanto às crianças expostas "pré-natalmente" às drogas, incluindo as drogas legais como o álcool, o cigarro e os remédios.

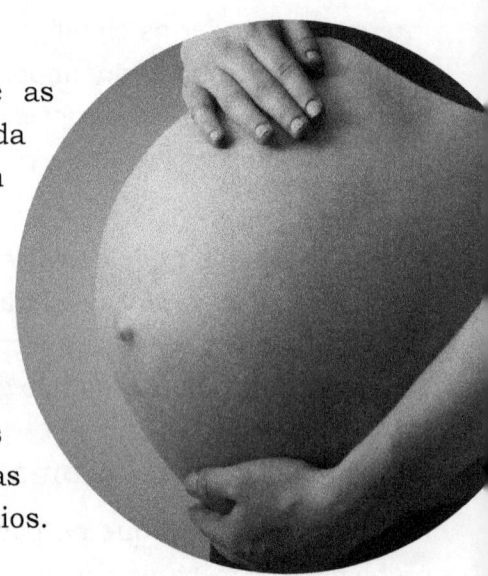

Causas perinatais

Referem-se às circunstâncias do parto, principalmente aquelas que podem trazer sofrimento ou lesão ao feto. Desde muito tempo, sabe-se que as crianças nascidas prematuramente têm maior tendência a problemas de desenvolvimento do que as crianças que nascem no tempo certo. Muitas crianças prematuras, no entanto, não experimentam dificuldades.

Durante o nascimento, também podem ocorrer problemas que reduzam o fluxo de oxigênio do cérebro, como quando a criança nasce com o cordão umbilical enrolado ao pescoço. Felizmente, a tecnologia moderna tem contribuído para reduzir esses casos.

Falta de dilatação, postergação de parto cesárea, o uso de manobras ou pinças, feridas ou acidentes ocorridos durante o nascimento podem ocasionar algum dano cerebral – o que resultará em posteriores distúrbios de aprendizagem.

Causas pós-natais

Existem vários fatores pós-natais que podem prejudicar o sistema nervoso central; entre eles, febres muito altas com convulsões, doenças como encefalite e as feridas na cabeça provocadas por acidentes. Uma criança desnutrida pode ter um desenvolvimento cerebral deficiente.

Alguns fatores pós-natais podem causar distúrbios de aprendizagem, mesmo quando não há danos no sistema nervoso central.

> Exemplo: Valquíria, durante a primeira infância, sofreu muito com dores de ouvido. Sua audição foi afetada, o que provocou um atraso no seu desenvolvimento linguístico. Quando Valquíria entrou na escola, sua audição

> era normal, mas ainda não havia adquirido alguns conceitos que a maioria das crianças de sua idade já tinha aprendido, como as cores, os números, a compreensão de "acima", "abaixo" etc. Sua habilidade para escutar e compreender não havia se desenvolvido o suficiente. Valquíria tinha problemas para aprender e foi identificado um distúrbio de aprendizagem.

Há outros motivos pelos quais algumas crianças ingressam na escola sem terem sido expostas a conceitos e materiais com os quais as demais crianças já se encontram familiarizadas. Talvez a família não disponha de meios econômicos para promover essa exposição ou talvez os pais também possuam distúrbios de aprendizagem e nunca tenham recebido ajuda na escola. Por essa razão, não sabem como ajudar seus filhos.

Existem outros aspectos a indagar aos pais sobre a história de vida das crianças, como as doenças, o desenvolvimento e a aprendizagem.

5. As doenças

Principalmente aquelas relacionadas à atividade nervosa superior, interessa saber o tempo que durou a doença, se a criança teve algum membro engessado e se lesionou algum órgão ou inibiu o seu desenvolvimento. É importante conhecer as **doenças psicossomáticas**, seu surgimento e sua recuperação. Isto é, doenças envolvendo vômitos, bronquite asmática, diarreias, cefaleias etc.

O estado físico da criança também deverá ser levado em consideração. Avaliar se a condição física é compatível com a idade; as habilidades manuais; a disposição para esportes; o peso; a altura; as possibilidades e limitações em relação ao corpo, especialmente aos órgãos dos sentidos.

6. O desenvolvimento

Nesse caso, interessa estabelecer se as aquisições foram feitas pela criança no tempo esperado ou se, ao contrário, aconteceram de forma precoce ou atrasada (PAIN, 1985). Conhecer a idade em que a criança começou a andar independentemente, a falar, a pedir para solucionar suas necessidades e desde qual idade realiza sozinha suas atividades. Interessa, ainda, outras características de sua independência, como a alimentação, o sono etc.

7. A aprendizagem

Nesse caso, seria conveniente o psicopedagogo indagar aos pais as modalidades de aprendizagem da criança. A modalidade de aprendizagem é a maneira pessoal para apreender um conhecimento (FERNÁNDEZ, 1991). A modalidade de aprendizagem se constrói desde o nascimento, de acordo com Fernández, e, por meio dela, enfrentamos a angústia inerente ao conhecer-desconhecer. A estrutura intelectual tende a um equilíbrio para estruturar a realidade e sistematizá-la por meio de movimentos. São os processos de assimilação e acomodação descritos por Piaget.

Conforme já vimos, segundo Piaget (2005), a assimilação consiste na internalização de um objeto ou evento em uma estrutura comportamental e cognitiva pré-definida. Por exemplo, a criança usa um objeto para realizar uma atividade que pré-existe em seu repertório motor ou para decodificar um novo evento com base em experiências e elementos que ela já conhece (um bebê que tem um novo objeto e leva-o à boca; pegar e levá-lo à boca são atividades praticamente inatas, que agora são utilizadas para um novo objetivo).

Já a acomodação implica uma modificação da atual organização em resposta às demandas do meio. No exemplo dado, se o objeto é difícil de ser pego, o bebê deverá modificar os modos de apreensão desse objeto. Por meio da assimilação e da acomodação, o sujeito vai cognitivamente reestruturando a sua aprendizagem ao longo do desenvolvimento (reestruturação cognitiva). Uma adaptação inteligente seriam os processos de assimilação e acomodação equilibrados, ou seja, não haveria o predomínio excessivo de um sobre o outro.

Nos distúrbios de aprendizagem existem perturbações no nível desses processos, na inibição deles, ocorrendo o predomínio de um dos momentos sobre o outro e impedindo-se a integração que possibilita a aprendizagem (PAIN, 1985).

8. Como a escola e a família devem agir diante dos distúrbios de aprendizagem

Família e escola duas das instituições mais relevantes da vida durante os anos de infância e de adolescência. Cada criança é membro de sua família, que possui uma configuração única em sua estrutura e em suas relações, e que está ancorada em sua própria história cultural e social. Simultaneamente, essa criança é membro de uma classe escolar que também tem sua própria e única estrutura ancorada em uma matriz de complexas estruturas mais amplas.

A instituição da família ocupa um lugar importante no processo de aprendizagem, e desta dependerá, em grande parte, o lugar que a aprendizagem ocupará na vida da criança. Nesse sentido, os recursos com os quais a família conta também incidirão, de alguma forma, no processo de aprendizagem da criança. Por exemplo, se a família vive em uma situação de vulnerabilidade socioeconômica, em que as necessidades básicas não são satisfeitas, evidentemente, a aprendizagem não ocupará um lugar central. Isso coincide com Pain (1985), já que, em um contexto vulnerável, não há condições favoráveis para o desenvolvimento sadio de um processo de aprendizagem e um melhor aproveitamento da experiência.

Quando os pais recebem o diagnóstico de que o filho possui um distúrbio de aprendizagem, eles não sabem como agir. Vários pais investem muita energia emocional, tempo e dinheiro tratando de determinar a causa e a cura para os distúrbios de aprendizagem. Mas a diferença entre as dificuldades de aprendizagem e os distúrbios de aprendizagem é que estes últimos não podem ser curados. A mudança que deve ser feita é a identificação das formas com as quais a criança aprende melhor e as estratégias de ensino e os materiais de ensino que funcionam para ela.

A seguir, são apresentados alguns conselhos que podem ajudar os pais a proceder de maneira que o filho se sinta apoiado e motivado a aprender, apesar das dificuldades que enfrenta:

- a) aprender mais sobre os distúrbios de aprendizagem. Quanto mais a família souber, mais poderá ajudar a si mesma e ao seu filho;

- b) elogiar o filho quando ele vai bem. As crianças com distúrbios de aprendizagem se saem bem em uma variedade de tarefas. Os pais devem averiguar o que o filho gosta de fazer: dançar, jogar futebol, trabalhar com computadores. Dar bastante oportunidades a ele para perceber seus talentos;

- c) averiguar como o filho aprende melhor. Ele aprende por meio de experiências práticas ou por meio de escuta e da visão. Ajudá-lo a aprender por meio de suas áreas fortes;

- d) deixar o filho ajudar em tarefas domésticas. Estas podem aumentar sua confiança. Os pais podem dar instruções simples, dividindo as tarefas em passos pequenos, e recompensando os esforços do filho com elogios;

- e) ter as tarefas escolares como uma prioridade;

- f) dar atenção à saúde mental do filho. Os pais devem estar dispostos a receber conselhos que podem ajudar o filho a tratar das frustrações, sentir-se melhor acerca de si mesmo e aprender mais sobre as habilidades sociais;

g) falar com outros pais cujos filhos têm distúrbios de aprendizagem. Os pais podem compartilhar conselhos práticos e apoio emocional;

h) estabelecer uma relação de trabalho positiva com o professor do filho. Por meio da comunicação regular, pode-se trocar informações sobre o progresso da criança em casa e na escola.

Na escola, na maior parte dos casos, não é possível determinar as causas dos distúrbios de aprendizagem. Quando uma criança é detectada com distúrbio de aprendizagem, ela já está na escola. Isso porque a escola se concentra naquelas tarefas que podem ser difíceis para a criança – ler, escrever, fazer cálculos, escutar, falar. Os professores e pais observam que a criança não está aprendendo como se esperava. É possível que a escola solicite uma avaliação para ver qual é a causa do problema. Os pais também podem solicitar uma avaliação.

É fundamental que o professor fale com especialistas em sua escola (por exemplo, professores da educação especial, psicopedagogos) sobre métodos para ensinar a criança que possui distúrbio de aprendizagem. Ele deve proporcionar instrução e acomodações para que o aluno portador de necessidades educacionais especiais se sinta motivado a aprender. O professor pode:

a) dividir tarefas em etapas menores e proporcionar instruções verbais e por escrito;

b) proporcionar ao aluno mais tempo para completar o trabalho escolar e provas;

c) deixar que o aluno com distúrbio na escrita use um computador com programas especializados que revisem a ortografia, a gramática e reconheçam a fala;

d) deixar que o aluno com distúrbio na escuta peça notas de outros alunos ou que use um gravador;

e) ensinar habilidades de organização, de estudo, e estratégias para a aprendizagem. Isso ajuda a todos os alunos, principalmente aqueles com distúrbios de aprendizagem.

Com trabalho duro e a ajuda apropriada, as crianças com distúrbios de aprendizagem podem aprender mais fácil e com êxito. Para as crianças em idade escolar (incluindo as crianças pré-escolares), os serviços de educação especial e serviços relacionados são fontes de ajuda importantes.

As Salas de Recursos Multifuncionais (SRM) auxiliam a maioria dos alunos com distúrbios de aprendizagem. A tecnologia também pode ajudar muitos alunos a superarem seus problemas de aprendizagem. Nesse processo, podem ser utilizados tanto equipamentos de "baixa tecnologia", como gravadores, quanto ferramentas de "alta tecnologia", como máquinas de leitura (que leem livros em voz alta) e sistemas de reconhecimento de voz (que permitem ao aluno escrever por meio da fala dita ao computador).

O que acontece com a criança na escola pode ter efeitos na família ou vice-versa. Por isso, o contexto de trabalho do psicopedagogo sempre envolve estas duas instituições: família e escola, uma vez que qualquer mudança em uma delas afetará a outra. Assim, o psicopedagogo assumirá o papel de facilitador, de "conector", envolvendo profissionais e familiares (e, eventualmente, a comunidade) para manter uma comunicação aberta e fluida.

Uma intervenção família-escola se faz necessária para assistir ambos os sistemas em uma atitude colaborativa para resolver problemas mútuos, comuns, atitude que envolve mudar a maneira de pensar, entender ou definir o problema, examinar as crenças que sustentam determinada conduta e refletir sobre o que foi feito, ou será feito, a respeito.

Quando o psicopedagogo trabalha com a cooperação entre família e escola, têm-se uma alta melhoria dos resultados acadêmicos da criança. Por sua vez, a melhoria do desempenho escolar, muitas vezes, é acompanhada por uma melhoria das habilidades sociais e da mudança de *status* (hierarquia) pessoal e grupal.

PARA SABER MAIS! Assista ao vídeo indicado e perceba a importância que pais e professores têm na detecção e tratamento dos distúrbios de atenção. Vídeo disponível no endereço: <https://www.youtube.com/watch?v=wCBj-gYguwQ>. Acesso em: 20 fev. 2015.

Glossário – Unidade 4

Dificuldade de aprendizagem – problema intrínseco apenas ao indivíduo; está relacionado a problemas de ordem pedagógica e/ou sociocultural.

Distúrbios de aprendizagem – disfunções do sistema nervoso central devido a uma falha no processo de aquisição ou de desenvolvimento.

Doenças psicossomáticas – doença que se produz ou se agrava devido a fenômenos como estresse, tensão, mudanças radicais no estilo de vida e emoções.

Memória de curto prazo – não retém uma imagem da mensagem sensorial, mas mantém a interpretação dessa imagem. Retém as informações de uma forma consciente. Sua duração é muito limitada, de poucos minutos.

Memória de longo prazo – sistema de memória que pode armazenar informações de forma permanente e tem uma capacidade praticamente ilimitada.

Motriz (coordenação motriz) – relação entre o sistema nervoso e muscular que permite, a partir de estímulos recebidos pelos sentidos, a realização do movimento.

Perinatais – assistências médicas fornecidas durante o nascimento do bebê.

Pós-natais – assistências e orientações médicas recebidas pela mulher depois do nascimento.

Pré-natais – assistências e orientações médicas recebidas durante a gravidez.

Referências

BOSSA, Nadia Aparecida. *A psicopedagogia no Brasil: contribuições a partir da prática*. 4ª ed. Rio de Janeiro: Wak, 2011.

BRASIL. Decreto n. 72.846, de 26 de setembro de 1973. Disponível em: <http://www.planalto.gov.br/ccivil_03/decreto/1970-1979/d72846.htm>. Acesso em: 20 jan. 2015.

BRASIL. Lei n. 5.564, de 21 de dezembro de 1968. Disponível em: <http://www.planalto.gov.br/ccivil_03/leis/1950-1969/L5564.htm>. Acesso em: 20 jan. 2015.

CIASCA, S. M. Distúrbios e dificuldades de aprendizagem: uma questão de nomenclatura. In: CIASCA, S. M. *Distúrbios de aprendizagem: proposta de avaliação interdisciplinar*. São Paulo: Casa do Psicólogo, 2004.

DROUET, Ruth Caribé da Rocha. *Distúrbios da aprendizagem*. 2. ed. São Paulo: Ática, 1995.

FAZENDA, Ivani C. A. *Interdisciplinaridade: história, teoria e pesquisa*. 4. ed. Campinas: Papirus, 1994.

FERNÁNDEZ, Alicia. *A inteligência aprisionada: abordagem psicopedagógica clínica da criança e sua família*. Trad. Iara Rodrigues. Porto Alegre: Artes Médicas, 1991.

FONTAVA, F. M. O psicopedagogo na área de recursos humanos das organizações. In: IGEA, R. et al. *Presente e futuro do trabalho psicopedagógico*. Porto Alegre: Artmed, 2005.

GADOTTI, Moacir. A interdisciplinaridade: atitude e método. In: *Perspectivas atuais da educação*. Porto Alegre: Artes Médicas, 2000.

GOLBERT, C. Considerações sobre as atividades dos profissionais em psicopedagogia na região de Porto Alegre. *Boletim da Associação Brasileira de Psicopedagogia*, ano 4, n. 8. ago. 2005.

GRINSPUN, Míriam P. S. Zippin. *A Orientação Educacional: conflito de paradigmas e alternativas para a escola*. 5. ed. São Paulo: Cortez, 2011.

IRIBARRY, I. N. *O diagnóstico transdisciplinar em psicopatologia*, 2001. Disponível em: <http://www.psicopatologiafundamental.org/uploads/files/revistas/volume06/n1/o_diagnostico_transdisciplinar_em_psicopatologia.pdf>. Acesso em: 19 jan. 2015.

JAPIASSU, Hilton. *Interdisciplinaridade e patologia do saber*. Rio de Janeiro: Imago, 1976.

KIGUEL, Sônia Moojen. Normalidade X patologia no processo de aprendizagem: abordagem psicopedagógica. *Revista Psicopedagogia*. São Paulo, 1º semestre 1991, p. 24-27.

NEVES, M. A. M. Psicopedagogia: um só termo e muitas significações. *Revista Psicopedagogia*. São Paulo, v. 21, n. 1, p. 10-14, 2011.

PAIN, Sara. *Diagnóstico e tratamento dos problemas de aprendizagem*. Porto Alegre: Artes Médicas, 1985.

PIAGET, J. *Seis estudos de psicologia*. Tradução M. A. D'Amorim, P. S. Silva. 24. ed. Rio de Janeiro: Forense Universitária, 2005.

RUBINSTEIN, Edith. A intervenção psicopedagógica clínica. *In: Psicopedagogia – contextualização, formação e atuação profissional*. Porto Alegre: Artes Médicas, 1992.

SCOZ, B. et al. *Psicopedagogia e realidade escolar: o problema escolar e de aprendizagem*. 13. ed. Petrópolis: Vozes, 2011.

WEISS, M. L. *Psicopedagogia clínica: uma visão diagnóstica*. 10. ed. Porto Alegre: Artes Médicas, 2012.

Patrícia Jerônimo Sobrinho

Doutoranda em Letras e Ciências Humanas pela Unigranrio, é especialista em Língua Portuguesa (Universidade de São Bento) e em Mediação Pedagógica On-line (PUC-Rio). Trabalha com os seguintes temas: publicidade, televisão, boneca, infância, consumo, corpo, construção de identidade. Atualmente é professora adjunta da Unisuam-RJ.